거상 김만덕,
꽃으로 피기보다
새가 되어 날아가리

거상 김만덕,
꽃으로 피기보다
새가 되어 날아가리

정창권 지음

푸른숲

18세기에 21세기를 살았던 여인

지금으로부터 200여 년 전인 정조 20년(1796) 가을이었다. 50대 후반의 한 여인이 임금 앞에서 큰절을 올리고 있었다. 그녀는 머리에 전모를 쓰고 옥색 치마저고리를 입은 의녀(醫女)의 복색을 하고 있었으며, 주위에는 오늘날의 국무총리 격인 좌의정·우의정 등 나라의 최고 신하들이 줄지어 서 있었다. 지방의 한 여인이 임금 앞에서 직접 문안을 올리는 것은 조선 역사상 전무후무한 일이었다. 임금이 말했다.

"음, 네가 바로 제주의 거상 김만덕이로구나. 관기로 있으면서도 돈을 모아 장사 밑천을 마련하고, 대상인으로 큰돈을 벌어 굶주린 사람들을 살렸다지. 게다가 상 받기를 원하지 않고 한양과 금강산 구경을 원했다니, 참으로 대범한 여인이로다."

김만덕은 조선 후기 새롭게 성장한 유통업을 통해 수천 금을 모은 여성 사업가이자, 애써 모은 돈을 서슴없이 내놓아 수천 명의 목숨을 구한 사회사업가였으며, 서울에 올라가 왕과 왕비 및 공경대부들을 만나고, 남자들도 좀처럼 하기 어려운 금강산 구경을 다녀온 희대의 여성 영웅이었다. 조선의 여성으로서 성공한 대상인이 되었다는 사실 자체만으로도 눈길을 끄는데, 그렇게 모은 재산을 사회에 환원했다니 정말 놀라운 사실이 아닐 수 없다.

본래 만덕은 어릴 때 부모를 잃고 오갈 데 없는 처지에 관기가 되었지만 근검절약으로 돈을 모아 스무 살 무렵에 관기를 그만두고 포구에 객주를 차렸다. 역경 속에서도 좌절하지 않고 자신의 꿈을 조금씩 일궈갔던 것이다. 그녀가 거상이 된 것도 결코 우연이나 행운에 의한 것이 아니었다. 상업의 발전으로 해상교통이 활발해지면서 포구를 중심으로 유통업이 성행하기 시작한 조선 후기의 시대 변화에 명민하게 반응한 결과였다.

제주성 근처의 화북포구에 객주를 차리고 사업을 시작한 만덕은 초기에는 토착 상인들의 텃세로 어려움을 겪었다. 그러나 전라도 지역에서 쌀이나 소금, 면화 등을 들여오고, 제주의 특산물을 내다 파는 등 육지와 직거래를 실시하며 난관을 극복해나간다. 뒤이어 어민, 수공업자, 목축민 등과 계약을 맺고 주문생산제를 도입하여 이익을 극대화하고, 토착 상인과의 경쟁에서 공물 진상권을 따내며 드디어 꿈에 그리던 제주 최고의 거상이 된다. 이처럼 만덕은 어떤 특혜에도 기대지 않고 오로지 자신의 창의적 사고와 적극적 상행위로 최고의 거상이라는 영예를 안았다.

조선시대에도 서민층에는 의외로 많은 여상인이 존재했다. 그들은 보통 소금이나 생선, 방물을 머리에 이고 다니며 파는 행상을 하거나, 주점을 차려놓고 주인장 노릇을 했다. 여상인 중에서도 거상, 곧 대상인이 종종 나오곤 했지만 대개 큰돈을 벌어 자기 집안을 일으키는 데 그쳤다. '기부'라는 개념이 자리 잡기 이전의 시대에 만덕처럼 모든 재산을 사회에 환원하여 자기 지역과 나라 발전에 기여한 이는 여상인은 물론이요, 모든 상인을 통틀어도 극히 드문 경우라고 할 수 있다.

신분, 성별, 출생지라는 삼중의 굴레를 벗어던지고 제주, 아니 조선 후기 최고의 여상인이 되었던 만덕은 이렇게 어려움에 처한 이웃을 위해 자신의 모든 것을 내놓았다. '나눔'의 가치가 주목받기 시작한 오늘날의 우리도 쉽게 할 수 없는 일을 그녀는 200여 년 전에 이미 해냈던 것이다. 목표한 바가 있으면 끝까지 밀어붙이는 불굴의 의지, 새로운 방식을 과감하게 시도한 창의력, 주위의 어려움을 돌보고 행복을 함께 나눌 줄 아는 마음까지 그녀는 우리에게 신선한 충격과 함께 흠모의 감정을 한꺼번에 일으키는 인물이다.

요즘 우리 사회는 날이 갈수록 빈부격차가 심화되고 있다. 자본주의의 폐해가 극단으로 치닫고 있는 것이다. 사람들은 저마다 재산을 더 많이 축적하여 후손에게까지 영구히 물려줄 수 있는 방법을 찾느라 혈안이 되어 있다. 한 번쯤 주위 사람들의 어려움을 돌아보거나 인생 그 자체를 즐길 마음의 여유도 없이 말이다. 만덕이 오늘날 새롭게 부각되어야 하는 이유도 바로 여기에 있다. 그녀는 상인이자 생활인의 입장에서 분배의 문제를 가장 먼저 고민하고 실천한 선구자였기 때문이다. 좀더 큰 의미를 부여하자면, 여기 펼쳐놓은 그녀의 일생이 점점 뒤틀려가는 자본주의의 '구원자' 역할을 할 수 있지 않을까 하는 생각을 조심스럽게 해본다.

김만덕이라는 역사 인물을 발굴해내는 일이 갖는 의미는 다음의 두 가지로 정리해볼 수 있다. 우선, 조선의 서민층 여성 중에서 거상이 되어 수많은 사람들의 목숨을 살리고, 왕과 왕비를 직접 만나고, 금강산까지 다녀와 전국적으로 명성을 얻은 이는 오로지 김만덕뿐이었다. 그녀는 신사임당이나 허난설헌, 안동 장씨 등이 개인의 뛰어난 능력으로 일부 상류층에 알려졌던 것과는 사뭇 대비되는 인물이었다. 잘 알려져 있는 것처럼 이들은 양반층에 속했고, 남성들이 정의한 위인의 조건에 들어맞는 사람들이었다. 반면에 만덕은 스스로 운명을 개척한 보다 능동적인 인물이었고, 일찍이 나눔의 가치를 깨달은 말 그대로 '큰 상인'이었다. 그래서 필자는 만덕을 한국 역사(특히 여성사)를 대표할 새로운 인물로 내세우려 하는 것이다. 더구나 만덕은 자라나는 우리 청소년들에게 또 하나의 역할 모델이 되기에도 충분하다고 본다.

다른 한편으로, 이 책은 김만덕이라는 개인의 역사와 변방의 어둡고 별난 역사로만 치부되었던 제주의 역사를 함께 조명하는 작업이었다. 그동안 제주는 이국적인 자연환경과 풍습, 언어 혹은 4·3 사건 등의 어두운 현대사로 우리의 역사 인식 속에 제대로 자리 잡지 못한 지역이었다. 그래서 이 책을 통해 역사적으로는 유배의 땅이었고, 현재는 빼어난 경관을 자랑하는 관광지일 뿐인 제주를 독특한 산물과 뛰어난 해운기술을 가진 상업과 교역의 중심지로 되살려내려고 했다.

지금까지 만덕은 단지 제주의 성공한 거상이었을 뿐이라고 매우 낮게 평가되어왔다. 이 정도의 사실도 그나마 역사학, 국문학, 여성학을 전공하는 소수의 지식인들만이 알고 있는 형편이다. 심지어 제주 사람들마저도 "만덕이 누구예요?" 하고 물으면 "아, 만덕! 할망[女神]이지 누구야?"라고 그저 신화적인 인물로만 인식하고 있다. 그래서 필자는 만덕을 현대적 가치를 갖는 인물로 재조명하여 널리 알리기 위해 지속적인 노력을 기울여왔다. 지난 2004년 4월에는 제주 YWCA에서 개최한 초청 강연회를 통해 만덕에 대한 제주도민의 관심을 불러일으키는 한편, 만덕 관련 1차 답사를 실시했다. 또 그해 9월에는 대중잡지에 만덕의 삶과 역사적 의의에 대한 글을 기고하기도 했다. 2005년 4월에는 강성훈·정창남 등 몇몇 뜻있는 제주인의 지원으로 필자의 수업을 듣는 학부 및 대학원 학생들과 함께 제주로 현지답사를 다녀왔고, 7월에는 김만덕 기념 전국학술세미나에서 '김만덕 콘텐츠 개발과 제주 경제의 활성화 방안'이라는 주제로 직접 발표를 하기도 했다.

이 책에서도 역시 필자의 기존 저작들처럼 하나[一]를 가지고 열[十]을 말하고, 사람 사는 모습을 있는 그대로 생생하게 전달하는 방법인 미시사·생활사적 접근을 시도했다. 즉 만덕이라는 인물을 통해 당시 제주의 역사, 나아가 상업이 한창 발달하고 있던 18세기 후반 조선의 역사까지 보여주려 했다. 이를 위해 만덕의 일생을 순차적으로 밋밋하게 보여주기보다는 그녀가 양민의 신분을 회복하는 시점부터 거상으로 성장하기까지, 그리고 이후 노년기에 모든 재산을 흩어 제주 사람들을 구하는 모습을 중심으로 서술했다. 그 밖에 어린 시절과 기녀 생활에 대해서는 인물들 간의 대화를 통해 드러내고, 말년에 한양과 금강산을 구경했던 일은 제주로 돌아온 지 1년 후의 시점에서 회상을 하는 것으로 처리했다.

글쓰기 방식도 기존의 이야기체와 설명체가 교차하는 형식을 넘어서, 최대한 이야기체로 전개하되 필요한 부분에서만 역사적 설명을 가하는 방식을 택했다. 무엇보다도 이번 책에서는 시나리오 식, 곧 영상적 글쓰기를 시도했는데 본문 내용이 주로 대화체로 이루어진 것도 이 때문이다. 본문에서 대화는 대사에, 설명 부분은 지문에 해당한다고 보면 되겠다. 이에 더하여 만덕 및 제주와 관련된 문헌·유물·고지도·회화·답사사진 등 다양한 시각자료를 첨부하여, 독자들이 작품을 손쉽게 이해할 뿐 아니라 향후 전시나 드라마를 제작하는 데 긴요한 자료로 활용토록 했다.

이 책을 쓰는 데에도 여러 분들의 도움을 받았다. 우선 제주 현지답사에 물심양면의 지원을 해준 (주)학산종합건설대표 강성훈 회장님과 합기도 창민관의 정창남·김혜경 및 그 가족분들(특히 정창남과 김혜경은 자료수집과 사진촬영에도 적극적으로 지원해주었다), 제주전통민속대장간의 김태부 님, 김만덕기념사업회의 고두심, 송동효, 강재업, 고행자, 부청자 공동대표 님과 박찬식 선생님, 제주문화원의 관계자 여러분, 김해김씨 종친회장이신 김인탁 님 등 제주 인사들께 이 자리를 빌려 진심 어린 감사를 표하고 싶다. 그 분들의 제주를 아끼고 사랑하는 마음에 깊이 존경을 표하는 바이다.

또 항상 애정으로 지켜봐주시는 설중환·유영대·장효현·이기동·배해수·이창민 등 고려대 국문과 교수님들, 변함없이 토요일마다 모여서 함께 문화콘텐츠를 공부하는 윤종선·윤성환·유정완·김완규·최미란·노혜진·양우영·박정화·여봉수·신동혁·명영호·김민주·한윤혜·손보라·김병욱·김만평 등 스토리아트(StoryArt) 회원들도 결코 잊을 수 없는 분들이다. 나아가

내 인생의 동반자인 아내와 딸 은진이, 또 하나의 실험적인 작업
에 기꺼이 동참해준 푸른숲 출판사의 김혜경 대표님을 비롯한 박
선경 · 이진 · 손자영 등 편집자분들께도 이 자리를 빌려 깊이 감
사드린다.

2006년 3월

태정(泰井) 정창권

차례

제 3 부 이제 곳간을 열어라!

"제주에서 관기로 뽑히기가 쉬운 일이 아니거늘, 너는 어째서 관기를 그만두려 하느냐?

"사또, 제 소원은 돌아가신 아버지처럼 장사를 하는 것입니다. 포구에 객주를 차려놓고 남동생과 함께 육지와 교역을 해볼까 합니다."

"허나 아녀자로서 장사하기가 쉽지만은 않을 텐데. 시기하고 훼방하는 자들도 많을 테고 말이다."

"세상 무슨 일이든 쉬운 게 있겠습니까? 허나 저는 장사만큼은 누구보다 잘할 자신이 있습니다. 저는 꼭 큰돈을 벌어 제주 최고의 거상이 되고 싶습니다."

"그것 참 배짱 한번 두둑하도다! 여봐라, 만덕의 신분을 양민으로 되돌려주어라!"

제1부

만덕, 길을 나서다

꽃으로 피기보다 새가 되어 날아가리

이야기는 제주성의 관아인 동헌에서 시작된다. 당시 제주성은 한양이 있는 북쪽을 바라보고 있었는데 동·서·남쪽에 각각 문이 나 있었고, 모든 문에는 누(樓)가 있었다. 성의 둘레는 6,120여 척으로 조선시대의 여타 읍성과 마찬가지로 그다지 큰 규모는 아니었다. 관아 건물로는 목사의 집무처인 동헌과 손님들의 숙소인 객사가 성의 북쪽 모퉁이에, 그리고 병마절제사의 집무처인 홍화각이 성의 중앙에 있었다. 홍화각 남쪽에는 제주의 대표적인 정자인 관덕정이 있었는데, 그 너머 동문 밖에는 과거 제주 최대의 시장이었던 동문시장이 자리하고 있었다. 그 밖에 수령을 보좌하고 아전들의 폐단을 막기 위해 설치한 향청(鄕廳)이 산지천 서쪽에 있었고, 아전들의 집무처인 질청(秩廳)은 객사 문밖에 있었다고 한다.

한편 조선시대 제주의 행정구역은 제주목, 정의현, 대정현 등 삼읍(三邑) 체제로 이루어져 있었다. 삼읍에는 고을의 원님이라 불리는 수령으로 제주목사(정 3품), 정의현감(종 6품), 대정현감(종 6품)이 각각 중앙에서 파견되었고, 제주목에는 따로 목사를 보좌하는 판관(종 5품)이 파견되었다. 제주목사는 형옥과 소송의 처리,

부세 징수, 군마 고찰, 왜구 방비 등 제주의 모든 행정을 집행하고, 이를 전라도 관찰사에게 1년에 두 차례씩 보고해야 했다. 조선시대 말까지 제주목에 파견된 목사의 수는 275명이었으며, 평균 재임기간은 1년 8개월이었다.

나는 양민의 딸이오

동헌 대청에 의자를 놓고 앉아 한 여인의 간절한 호소를 듣고 있던 제주목사가 마침내 입을 열어 이방을 비롯한 육방관속에게 분부를 내렸다.

"만덕의 신분을 양민으로 되돌려주어라!"

전하는 바에 의하면 그의 이름은 신광익(申光翼)으로 영조 37년(1761)에 제주목사로 부임했다고 한다. 굶주린 사람들을 잘 보살폈던 까닭에 그가 떠난 뒤 백성들이 선정비(善政碑)를 세워줬다.

목사의 말이 끝나자마자 대청 앞에 서 있던 이방이 고개를 들어 큰소리로 아뢰었다.

"사또, 아니 되옵니다! 만덕은 본래 양민의 딸이 아니라 관기의 딸이었습니다. 그래서 나이가 들자 자연히 기적(妓籍)에 올랐던 것입니다. 허니 만덕의 신분을 양민으로 되돌리라는 분부를 즉각 거두셔야 하옵니다."

조선시대 각 지방 관아에는 이방·호방·예방·병방·형방·공방 등 육방관속이 있었다. 그 가운데 이방은 아전의 우두머리로 고을의 실정을 파악하고 규율을 세우는 일을 맡았으며, 주민들의 대표인 면임과 이임을 단속하기도 했다. 야담(野談)에 따르면 제주에서는 예부터 아전의 힘이 무척 셌다고 한다.

이방이 말을 마치자 뜰에서 웅크리고 앉아 있던 만덕이 얼굴을 들고 자못 성난 목소리로 대꾸를 했다.

"아니오! 나는 분명 양민의 집안에서 태어났고, 김해 김씨라는 성도 갖고 있소. 다만 어렸을 때 부모를 여의고 의탁할 곳이 없어 기녀의 수양딸로 들어갔던 것뿐이오."

자신의 본래 신분을 회복하려고 단단히 벼르고 나온 듯 만덕은 벌써 기녀의 옷을 벗고, 제주 여인의 평상복인 갈옷[1])에 흰 수건을 머리에 두르고 있었다.[2])

"예끼 이년아! 그럼 어떻게 네 이름이 기적에 올라갔다는 말이냐?"

"내가 웬만큼 자란 다음에 관가에서 나도 모르게 이름을 기적에 올려버렸소. 그래서 지금까지 수년 동안 어쩔 수 없이 관기 노릇을 했던 것이오. 정 믿지 못하겠거든 행수기녀[3])에게 한번 물어보시오."

그러자 목사가 사령[4))들과 함께 뜰에 서 있는 행수기녀를 가까이로 불러 물었다.

"행수기녀는 앞으로 나오너라. 만덕이 양민의 자식이란 게 사실이더냐?"

1) 갈옷은 흔히 갈중이라고 하는데, 설익은 감의 즙을 이용해 염색한 무명옷을 가리킨다. 당시 제주에서 남녀를 가리지 않고 입었으며, 땀이 묻지 않아 작업복으로도 최고였다.

2) 만덕의 외모에 대해 한 가지 설명을 더하자면 이렇다. 정약용, 박제가, 조수삼 등이 기록하기를 그녀는 특이하게도 중국의 요임금처럼 중동(重瞳, 겹눈동자)을 갖고 있었다고 한다.

3) 기녀들의 우두머리를 말한다.

4) 관아의 문을 지키거나 죄인을 호송하고 곤장을 때리는 이를 가리킨다.

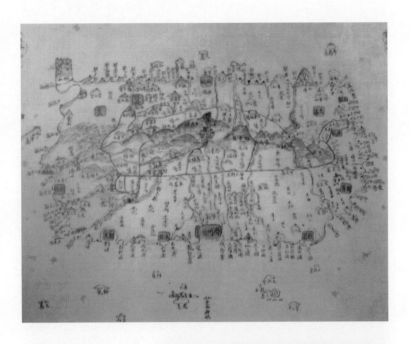

▲ **제주의 옛 지도** 이형상, 〈한라
장촉(漢挐壯矚)〉,《탐라순력도
(耽羅巡歷圖)》
- 조선시대 제주의 지형도이다.

▶ **제주성** 이형상, 〈제주전최(濟
州殿最)〉,《탐라순력도》
- 관덕정을 중심으로 좌우에 여
러 관아들이 배치되어 있다.

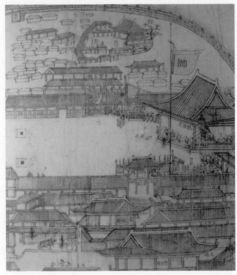

"예, 그렇사옵니다. 원래 만덕의 아비는 배를 타고 제주와 육지를 오가며 물건을 교역하는 상인이었습니다. 허나 만덕이 어렸을때 물건을 사서 제주로 돌아오다가 갑작스럽게 조난을 당해 물에빠져 죽고 말았습죠."

"허나 그 어미도 있고 집안도 꽤 부유했을 텐데, 어찌하여 기녀의 수양딸로 보내졌다는 말이냐?"

"불행은 쌍으로 온다고 하지 않았습니까. 그 어미도 얼마 안 있어 전염병으로 세상을 뜨고 말았답니다. 그래서 만덕은 동생 만재와 함께 졸지에 고아가 되었고, 집안도 하루아침에 풍비박산이 나고 말았습죠. 오갈 데 없는 처지가 된 만덕은 기녀의 수양딸로 들어갔고, 만재는 먼 친척집으로 보내졌지요."

사실 만덕의 부모와 가족관계에 대해서는 기록이 부족하여 정확하게 알 수 없는 형편이다. 이에 관한 믿을 만한 기록은 만덕의 나이 쉰여덟이던 1797년에 채제공(蔡濟恭)이 지었다는 〈만덕전〉과 그녀가 죽은 지 한 달 뒤인 1812년 11월에 쓰였다는 〈구묘비문〉뿐인데, 우선 해당 부분을 차례로 옮겨보자.

만덕의 성은 김이니, 탐라의 양갓집 딸이었다. 어렸을 때 부모를 여의고 의지할 데가 없어 한 기녀에게 의탁해 살았는데, 조금 자라자 관아에서 만덕의 이름을 기안(妓案, 기녀 명부)에 올려버렸다. 만덕은 비록 머리를 숙이고 기녀 노릇을 할망정 기녀로 자처하지는 않았다. 나이 스무 살이 넘어 자신의 사정을 관아에 울면서 호소하니, 목사가 가긍히 여겨 기안에서 빼주고 양민으로 되돌려주었다.

김만덕의 본은 김해 김씨요, 탐라의 양갓집 딸이었다. 어려서 부모를 여의고 홀로 가난으로 고생하며 자랐다. 살결이 곱고 아름다워 교방에 의탁한 바 있으나, 의복을 줄이고 먹을 것을 먹지 아니하여 재산이 점점 커졌다.

이처럼 만덕은 본래 제주의 양갓집 딸이었으나 어렸을 때 부모를 잃고 한 기녀에게 의탁해 살았다. 사정이 그렇다 보니 나이가 들자 자연 관기로 뽑혀 들어갔던 것이다. 그렇다면 만덕의 부모가 죽은 이유는 무엇이고, 그 시기는 과연 언제쯤이었을까? 먼저 아버지의 경우는 만덕이 어렸을 때 장사를 다니다 배가 난파되어 죽지 않았을까 추측한다. 뒤에서 보겠지만 상업이 매우 발달해 있었던 당시 제주에서는 남자들이 연달아 상선에 뽑혀 나가곤 했는데, 바닷길이 멀고 험하여 물에 떠내려가거나 빠져 죽는 경우가 많았기 때문이다. 한편 어머니는 만덕의 나이 열두 살 무렵 전염병으로 세상을 떠나지 않았을까 한다. 《조선왕조실록》을 보면, 만덕의 나이 열두 살 때인 영조 26년(1750) 9월에 여역(癘疫)으로 제주에서 죽은 사람이 무려 882명이나 되었기 때문이다.

행수기녀의 증언에도 불구하고, 이방은 여전히 믿을 수 없다는 투로 말했다.

"거짓부렁 말아라, 이년들! 수년이 지난 이야기를 대체 누가 믿겠느냐? 무슨 증거라도 있느냐?"

"이방 어른이야말로 억지 주장을 하고 그러시오! 어느 안전이라고 저희들이 거짓말을 하겠습니까?"

만덕이 또다시 고개를 쳐들고 강력하게 대꾸를 하자, 분노를 참지 못한 이방이 이번에는 삿대질까지 해가며 소리를 질렀다.

"저, 저년이……. 아무리 천한 계집이라고 감히 누구한테 대들고 야단이냐!"

그러자 목사가 난처한 표정으로 두 사람을 번갈아 쳐다보며 말했다.

"그만들 두어라! 대체 누구 말이 맞는지 모르겠구나."

잠시 후 목사 곁에 서 있던 오 좌수가 한 발짝 앞으로 나와 허리를 굽히고 아뢰었다. 그는 수령을 보좌하는 향청의 우두머리로, 학식과 덕망이 깊어 백성들의 두터운 신망을 얻고 있었다.

"사또, 그럴 게 아니라 당시 기안이 아직까지 남아 있을 테니, 그걸 가져다 한번 확인해보는 게 어떻겠습니까?"

그 말에 목사가 반색을 하며 말했다.

"아하, 그것 참 좋은 생각이오!"

그러고는 즉시 대청 앞에 서 있는 이방을 향해 명령했다.

"이방은 들어라! 지금 즉시 질청으로 가서 당시의 기안을 찾아오너라."

"예이."

이방은 대답을 하긴 했지만 뭔가 거리끼는 바가 있는지 제자리에서 한참을 꾸물대다가 억지로 섬돌을 따라 내려갔다. 그런데 막 뜰로 내려서던 순간, 한쪽 발을 헛디뎠는지 몸을 휘청거리더니 이내 만덕의 코앞으로 철퍼덕 넘어졌다.

"어이쿠!"

그것을 본 목사가 매우 못마땅한 표정으로 혀를 차며 말했다.

"쯧쯧쯧, 저렇게 경솔하기는……."

뜰에 서 있던 관속들도 일제히 고개를 돌리고 손으로 입을 가린 채 키득키득 웃었다.

무안함에 얼굴까지 발개진 이방이 황급히 자리에서 일어나며 험상궂은 얼굴로 만덕에게 말했다.

"너 때문에 만인 앞에서 이런 창피를 당하다니! 그래 관기를 그만두고 얼마나 잘 사는지 한번 두고 보자."

"이방 어른도 참. 자기가 잘못해서 넘어져놓고, 왜 남한테 화풀이를 하고 그러십니까?"

"아이고, 속 터져! 관두자, 이년아."

이방은 도저히 당해내기 어렵다는 듯 주먹으로 가슴을 치며 질청을 향해 달려갔다.

거상을 꿈꾸다

이윽고 동헌이 다시 조용해지자 목사가 만덕을 쳐다보며 물었다.

"제주에서 관기로 뽑히기가 쉬운 일이 아니거늘, 너는 어째서 관기를 그만두려 하느냐? 관기는 매일같이 좋은 음식을 먹고, 또 좋은 옷을 입고 살 수 있지 않느냐. 게다가 너는 용모도 뛰어나고 악기 다루는 솜씨도 출중하다고 하던데."

"사또, 제 소원은 돌아가신 아버지처럼 장사를 하는 것입니다. 저는 장사를 하면 누구보다 잘할 것 같습니다요."

"장사라? 관기로 있으면서도 장사는 얼마든지 할 수 있잖느냐? 잘 나가는 기녀들처럼 기방을 차리든가, 하다못해 나이든 기녀들

▲ 제주 관아
- 일제 강점기에 완전히 훼손되었으나, 1991년부터 발굴 작업이 이루어져 2002년 12
월에 원래의 모습을 되찾았다.

▼ 관아 재판
- 동헌에서 재판하는 모습이다. 대청에 사또가 앉아 있고, 그 앞으로 육방관속과 사령들
이 길게 늘어서 있다.

처럼 술집을 차리든가 말이다."

"그, 그건 별로……."

만덕이 끝까지 대답하지 않고 입을 다물자, 목사 곁에 서 있던 오좌수가 아까처럼 나와서 대신 말해주었다.

"사또, 언뜻 듣기에 만덕은 물건을 내들이하고 돈을 불리는 데에 남다른 재주가 있다고 합니다. 술장사는 만덕이 하고 싶은 게 아닌가 봅니다."

그 말에 목사가 궁금한 듯 만덕을 돌아보고 다시 물었다.

"그럼 대체 어떤 장사를 할 셈인고?"

"포구에 객주(客主)를 차려놓고 남동생과 함께 육지와 교역을 해볼까 합니다. 소문을 들으니 지금 육지에서는 각 고을마다 장시가 활발하게 열리고, 강변이나 해안의 포구에서도 교역이 크게 이뤄지고 있다고 합니다."

"허허, 보기보다는 당찬 계집이로다! 그래, 객주를 차릴 돈은 있느냐?"

"관기로 있으면서 돈을 조금 모았고, 얼마 전 수양모가 돌아가시면서 물려준 재산도 그대로 있습니다."

"허나 아녀자로서 장사하기가 쉽지만은 않을 텐데. 시기하고 훼방하는 자들도 많을 테고 말이다."

"세상 무슨 일이든 쉬운 게 있겠습니까? 허나 저는 장사만큼은 누구보다 잘할 자신이 있습니다. 저는 꼭 큰돈을 벌어 제주 최고의 거상이 되고 싶습니다."

"그것 참 배짱 한번 두둑하도다!"

잠시 후, 이방이 기안을 가지고 대청으로 올라와 해당 부분을 펼

처 목사에게 보였다.

"사또, 이것이 당시 기안이옵니다."

"그래, 만덕의 본래 신분이 뭐라고 되어 있더냐?"

"그, 그게…… 본래 양민이라 적혀 있었습니다."

이방은 고개를 더욱 깊숙이 숙이고 우물쭈물 대답했다. 그러자 목사가 허탈한 표정을 지으며 큰소리로 물었다.

"아니, 그렇다면 이방은 어째서 계속 만덕이 관기의 딸이라고 우 겼던고? 혹시 만덕에게 사심을 품고 있었던 게 아니더냐?"

"아, 아니옵니다. 제가 어찌 저런 고집불통에 돈밖에 모르는 계집 을 마음에 두겠습니까? 사또께서도 아시다시피 요즘 우리 고을 관기 들의 악기 다루는 솜씨가 영 시원치 않은데, 그나마 저년이 제일 낫 기 때문이었습니다. 저년의 악기 다루는 솜씨는 참으로 일품입죠."

"음, 무슨 말인지 알겠다."

목사는 이렇게 말은 했지만 처음처럼 시원하게 판결을 내리지 못 하고 머뭇거리고만 있었다. 그러자 보다 못한 만덕이 얼굴을 들고 결연한 목소리로 말했다.

"사또! 이제 양민의 자식임이 명백히 드러났으니, 저의 신분을 양민으로 되돌려주십시오. 그렇지 않으면 설령 목이 달아날지라도 이 자리를 떠나지 않겠습니다."

그 소리에 오 좌수가 어쩔 수 없다는 듯이 목사에게 이렇게 제안 했다.

"차라리 그 편이 좋을 듯싶습니다. 그렇게 하지 않았다가 혹시라 도 조정에서 어사가 내려와 양민을 관기로 삼았다는 사실을 알게 되면, 사또께 미치는 화가 적지 않을 것입니다."[5]

소심한 성격의 목사는 장차 화가 자신에게 미칠지 모른다는 이야기를 듣자 마음속으로 은근히 걱정이 되었다.

'그럴 순 없지! 일개 관기 때문에 어렵게 얻은 벼슬자리를 놓치다니…….'

목사는 곧장 입을 열어 처음과 같이 분부했다.

"만덕의 신분을 양민으로 되돌려주어라!"

그 말에 이방을 비롯한 육방관속은 적잖이 불만을 표시했지만, 만덕처럼 관에 매여 사는 군노나 사령은 부러운 눈치를 보였다.

"에잇 참! 애써 키워놨는데 그냥 내보내다니."

"와, 만덕은 좋겠다! 이제는 관에서 풀려나 마음껏 장사할 수 있겠구나."

이윽고 만덕이 기쁨의 눈물을 흘리며 자리에서 일어나 목사에게 큰절을 올리며 말했다.

"사또의 하해와 같은 은혜, 평생 동안 잊지 않겠습니다."

사령들 뒤에서 내내 가슴을 졸이며 지켜보던 동생 만재도 덩달아 큰절을 올리며 말했다.

"은혜가 백골난망입니다, 사또."

"으흠, 알았으니 어서들 물러가거라."

이렇게 해서 본래 신분을 회복한 만덕은 제주 최고의 거상이 되겠다는 꿈을 안고 만재와 함께 집으로 돌아갔다.

물론 여기에서는 채제공의 〈만덕전〉을 따라 만덕이 양민의 신분

꽃으로 피기보다 새가 되어 날아가리

---

5) 조선시대에는 양민을 관기로 만들면 그만큼 조세의 양이 줄어들기 때문에 임금의 명으로 이를 철저히 금지했다.

을 회복한 것으로 이야기했지만, 그녀가 계속 관기 신분이었을 가능성도 결코 배제할 수 없다. 왜냐하면《정조실록》이나《승정원일기(承政院日記)》, 심노숭, 조수삼 등의 기록에서는 여전히 만덕을 '제주기(濟州妓)' 혹은 '탐라기(耽羅妓)'라고 칭하고 있기 때문이다. 특히《승정원일기》가경(嘉慶) 원년(1796) 24일조를 보면 "채제공이 아뢰기를 탐라의 기녀가 재물을 내어 백성들을 진휼(賑恤)했으나 상을 받거나 면천(免賤)하기를 원하지 않고, 다만 서울을 한 번 구경하고 이내 금강산에 들어가기를 원했습니다"라고 만덕의 신분이 끝까지 기녀였던 것으로 기록하고 있다.

만덕의 존재가 지금까지 널리 알려지지 않았던 것은 이렇게 그녀의 신분이 기녀였다는 기록이 남아 있기 때문인 듯하다. 하지만 필자는 이 점을 지적해두고 싶다. 우리는 흔히 기녀를 성적 노예로만 인식하고 있으나 그것은 조선 후기, 특히 일제강점기에 심하게 왜곡된 것일 뿐이다. 원래 기녀는 노래와 춤, 악기를 담당한 전문 음악인이었다. 물론 해당 지방관이나 출장 나온 관리들 곁에서 갖가지 시중을 들고, 간혹 잠자리를 같이 하기도 했지만 그것은 엄연히 불법적인 행위였다. 다만 양반들의 일이요, 거의 관행처럼 내려온 일인지라 암암리에 묵인되었을 뿐이다.

또한 만덕은 기녀로 있으면서도 근검절약하여 그 돈으로 스무 살 무렵 장사에 뛰어들었으며, 늘그막에는 그렇게 모은 돈을 서슴없이 내놓아 위기에 처한 사람들을 구하기까지 했다. 그러므로 우리는 만덕이 기녀였다는 사실을 부끄럽게 여기고 감추려 하기보다는, 오히려 그러한 역경 속에서도 그녀가 꿋꿋하게 꿈을 실현해간 사람이었음을 높이 평가해야 할 것이다.

만덕 생애담의 허(虛)와 실(實)

기록이 부재한 탓인지 만덕의 생애담에는 후대에 추가된 것들이 상당히 많다. 어린 시절과 기녀 생활에 대한 이야기가 특히 그렇다. 우선 만덕의 출생지는 제주성 부근 혹은 북제주군 구좌읍 동복리라고 하는데, 이는 고문헌에는 전혀 나와 있지 않은 사항이다. 그리고 김해 김씨의 족보와 후손들의 전언을 토대로 만덕이 아버지 김응렬과 어머니 고씨 사이에서 2남 1녀 중 고명딸로 태어났다고 하는데, 이 역시 현재로서는 확언하기 어려운 실정이다.

우리가 알고 있는 것처럼 일반 서민들이 족보를 갖기 시작한 것은 주로 일제 시대 이후부터였다. 김해 김씨의 족보도 기록상으로는 1948년에 제작되고 1989년에 개편되었는데, 열람해보니 이상하게도 만덕은 김응렬과 고씨 사이의 1남 1녀 중 외동딸로 태어났다고 기록되어 있다. 이 책에 나오는 만덕의 가족관계는 필자가 임의로 설정한 것이다. 특히 만덕에게 남동생이 있는 것으로 설정했는데, 이는 당시 제주 사회에서 육지와 교역하기 위해서는 주변에 가족이나 친척이 필요했을 것이라고 판단했기 때문이다.

한편, 만덕이 기녀로 있을 때 순무어사 이도원과 사랑을 나누었다는 이야기도 있다. 하지만 이미 국문학자 김준형이 지적한 것처럼 이도원의 생몰년도(1684~?)를 고려할 때 그것은 전혀 사실이 아니다. 또한 정비석은 《명기열전》에서 만덕이 스무 살 때 봉옥, 봉실이라는 두 딸을 가진 통인 고선흠과 혼인을 하려고 했다는데, 이 또한 작가가 흥미를 유발하기 위해 덧붙인 것에 불과하다. 채제공이나 정약용의 언급처럼 만덕은 탐라의 사내들을 머슴으로 부리기는 했으나 결코 남편으로 맞이한 적은 없었다. 기타 만덕이 재산을 내놓아 굶주린 사람들을 구한 것이나 임금의 특별한 은혜를 입고 한양과 금강산을 구경한 것은 모두 다 역사적 사실에 부합하는 것들이다.

최근 몇 년째 여성계를 중심으로 김만덕을 새로운 화폐 인물로 삼자는 여론이 형성되면서, 만덕의 모습을 그린 영정에도 관심이 모아지고 있다. 현재 제주시 모충사 김만덕 전시관에 모셔진 영정은 1978년 김만덕기념사업회의 의뢰를 받아 홍상문 화백이 그린 것이다. 이 그림은 당시 김만덕추모사업회 회장을 맡았던 중요 무형문화재 제80호 한상수 선생, 당시 제주미술관장 고 홍정표 선생, 복식 전문가 고 석주선 교수 및 문화재 전문위원들로 구성된 고증위원단의 철저한 고증을 거친 결과물이다. 홍 화백은 전문가들의 자문 이외에도 만덕의 친정 직계손과 두 차례 만나 신체상의 특징을 꼼꼼히 확인하며 실제에 가까운 모습을 그리기 위해 노력했다고 한다. 오늘날 우리가 만덕이 실제로 어떻게 생겼는지를 확인할 길은 없지만, 전문가들의 이러한 노력 덕분에 실제에 가까운 만덕의 모습을 만나고 있는 것만은 분명하다.

시대 변화를 읽는 눈

조선시대의 여상인

조선시대에도 여상인이 있었을까? 내외분별이 엄격하고 여성들의 바깥출입이 극히 제한적이었다고 알려진 시대에 과연 여성들의 상업 활동이 허용되었을까? 하지만 그러한 풍속은 양반층에 국한되었을 뿐 서민층에서는 의외로 많은 여상인들이 전국의 거리를 누비고 다녔다. 조선 후기의 상업 발전에 대해서는 많은 역사가들이 이야기해왔지만, 여상인의 존재에 대해서는 별로 언급된 적이 없었다. 지금부터 풍속화나 야사 등을 토대로 조선 후기 여상인의 존재를 알아보도록 하자.

우선 조선시대의 여상인은 주로 행상(行商)을 했던 듯하다. 김홍도의《행려풍속도병(行旅風俗圖屛)》중 〈매염파행(賣塩婆行)〉이라는 그림에는 포구에서 소금과 생선을 항아리와 광주리에 각각 담아 머리에 이고 어디론가 떠나가는 한 무리의 아낙네들이 보인다. 그들은 바로 소금장수와 생선장수이다. 그중에는 노인도 있고, 젊은 여인이나 심지어는 아이를 업은 여인도 끼어 있다. 그 밖에 신윤복의 《여속도첩(女俗圖帖)》 중 〈저잣길〉이나 김홍도의 《단원풍속화첩(檀園風俗畵帖)》 중 〈장턱길〉에서도 생선장수의 모습을 찾아볼 수 있다.

조선시대 여상인이 주로 했던 또 한 가지 일은 역시 주점(酒店), 곧 술집이었다. 신윤복의 《혜원전신첩(蕙園傳神帖)》 중 〈주사거배(酒肆擧盃)〉라는 그림을 보면 도시의 술집이 잘 나타나 있는데, 한 여인이 술청에 앉아 국자로 술을 퍼서 잔술을 팔고 있는 모습이 매우 인상적이다. 또한 김홍도의 《단원풍속화첩》 중 〈주막〉이나 이형록이 지었다고 전해지는 《풍속도》 중 〈겨울풍경〉에는 시골 주막의 모습이 잘 나타나 있다.

조선시대 여상인 중에서도 거상, 곧 대상인이 종종 나왔다. 3대 야담집의 하나인 《청구야담(靑邱野談)》의 〈감초〉라는 작품에 다음과 같은 이야기가 실려 있다.

가난한 선비에게 시집을 간 여인이 있었다. 선비는 배고픔을 참아가며 독서만 할 뿐, 집안 살림은 전혀 돌보지 않는 사람이었다. 사정이 그렇다 보니 여인은 시당숙에게 돈 천 냥을 빌려 선비가 가르치는 학동들에게 감초만을 집중적으로 사들이게 했다. 이렇게 몇 달을 계속하니, 시중에 감초가 바닥이 나서 그 값이 무려 5배로 뛰었다. 그녀는 바로 이때 감초를 팔아 무려 3천~4천 냥에 달하는 돈을 벌어들였다. 이후 그녀는 집과 노비와 살림살이를 사서 큰 부자로 살았다.

규중의 부녀자가 특정 물품을 매점해서 큰돈을 벌었다는 이야기는 《기문습유(紀聞拾遺)》라는 야담집에도 나온다. 하지만 그것은 일시적인 상행위에 불과했고, 진정한 거상은 《차산필담(此山筆談)》이라는 야담집 중에서 〈수은식화(受恩殖貨)〉에 등장하는 여인이 아닐까 한다.

흉년에 아이를 업고 구걸하러 다니는 한 여인이 있었다. 하루는 그녀가 경기도 광주 땅 송파 부근의 거여객점 앞에서 추위와 굶주림에 떨고 있는데, 지나가던 양반이 그녀에게 돈 두 궤미를 적선해주었다. 그는 경주의 김선달로 서울에서 노름으로 재산을 탕진하고 고향으로 내려가던 길이었다. 이후 여인은 그 돈을 밑천으로 담배를 사고팔아 20여 궤미의 돈을 벌었다. 그러고는 객점의 빈 칸 하나를 세내어 어물, 과일, 생강, 마늘 등을 벌여놓고 금방금방 사고파니, 그해 겨울에 가서는 여러 곱의 이득을 보았고 돈이 늘어남에 따라 점포도 늘려갔다. 짚신이나 미투리, 종이, 비단 등 손쉽게 교역할 수 있는 것도 취급하고, 떡과 술 등 음식물까지 팔았다. 10여 년 후, 마침내 수만 냥의 재산을 갖게 된 그녀는 남대문 밖의 두 번째 집으로 이사를 했다. 그리고 자식을 경주로 보내 김선달을 맞아 재혼을 하고 행복하게 살았다.

이처럼 지금까지 우리는 잘 모르고 있었지만 조선시대에도 의외로 많은 여상인이 존재했다.

포구, 조선 후기 지방 상업의 중심

예로부터 제주 여성은 부지런한 것으로 유명했다. 날마다 바다에 나가 전복·소라·굴·미역을 따거나 들에 나가 보리나 조, 콩밭을 맸다. 그들은 잠시도 쉬지 않고 그야말로 열심히 일했다. 또 뒤에서 보겠지만 갓이나 망건, 탕건을 만드는 갓일을 부업으로 하거나 자리돔, 고등어를 비롯한 각종 어물을 지게에 지고 팔러 다니는 여인들도 있었다.

하지만 만덕은 상품유통이 활발한 포구에 객주와 유사한 점포를 차려놓고 뭍과 교역을 하지 않았을까 추정된다. 왜냐하면 채제공의 〈만덕전〉에 "그는 재산을 늘리는 데 가장 재능이 있어 시세에 따라 물가의 높고 낮음을 잘 짐작하여 사고팔기를 계속하니, 몇십 년 만에 부자로 이름을 날렸다"라고 기록되어 있기 때문이다.

조선 후기에는 선박을 통한 상품의 유통이 활발해지면서 강과 바다가 만나는 지점인 포구가 각 지방의 새로운 상업 중심지로 급부상했다. 낙동강 하구의 칠성포, 영산강 하구의 법성포, 금강의 강경포, 함경도의 원산포가 당시의 대표적인 포구들이다. 원래 이들 포구는 서울로 올라가는 지대와 공물을 운반하는 조운선들이 정박하던 곳이었다. 그런데 조선 후기에 이르자 각지에서 생산된 상품을 다른 지역으로 운반하는 선박들의 교역 집산지로 각광받게 되었다. 게다가 그 주변에는 상설시장이 개설되어, 점차 상업도시로서의 면모를 갖추어나갔다. 만덕도 역시 이러한 시대 변화에 명민하게 반응하여 제주의 한 포구에 객주를 차려놓고 육지와 교역을 하지 않았을까 생각된다.

그렇다면 과연 만덕은 제주의 어느 포구에서 장사를 했을까? 조선시대 제주의 역사를 토대로 추정해보면 만덕이 장사를 한 곳은 화북포구가 아니었을까 한다. 그곳은 제주성에서 동쪽으로 5㎞ 떨어진 거리에 있었는데, 읍성과 가까워 당시 상인들이 주로 이용했던 곳이다.[1] 지금도 그곳 사람들은 화북(禾北)이 북쪽에서 벼를 실어오는 포구이기 때문에 붙여진 이름이라고 말한다. 《정조실록》6년(1782) 정월 14일조에도 제주읍성과 포구 사이의 거리는 10리 정도였고, 그곳 포구에서 제주 상인들이 육지 상인들과 교역을 했다는 기록이 있다. 그 밖에 조선시대에는 제주 사람들이 부역을 피해 육지로 도망가는 경우가 많았기 때문에 화북과 조천 두 포구에서만 배를 띄우도록 했다는 점, 또 만덕이 죽은 후에 화북포구에서 제주성으로 가는 길목인 '가으니마루' 라는 언덕에 묻힌 점도 그와 같은 추정을 뒷받침해준다.

일부 사람들이 만덕이 장사했던 곳을 건입포구로 추정하고, 그곳에 만덕의 객주터라는 표석까지 세워놓았지만, 그것은 제주에서 유적지마다 표석 세우기 운동을 전개할 무렵에 현대적 관점에서 성급하게 추정하여 세운 것에 불과한 듯하다.

"배가 들어온다! 배가 들어온다!"

사내아이 하나가 어미의 손을 잡고 화북포구로 내려가면서 연신 큰소리로 외쳐댔다. 분명 뭍으로 교역하러 나갔다 돌아오는 아버지를 마중하러 가는 길일 게다. 만덕도 어린 시절 아버지가 미역이

---

1) 이 밖에도 제주에는 읍성의 동쪽 12.2㎞ 지점에 조천포구가 있었는데, 주로 관리들이나 육지로 나가는 배들이 이 포구에서 기다리고 있다가 바람이 맞으면 떠나곤 했다. 또 읍성의 서쪽 21㎞ 지점에는 애월포구가 있었다.

▲ **화북포구** 이형상, 〈화북성조(禾北城操)〉, 《탐라순력도》
- 화북포구의 옛 모습이다.

▶ **돛단배** 유운홍, 《풍속화》, 국립중앙박물관 소장
- 만덕이 살았던 시대의 돛단배 모습을 추정해볼 수 있다.

나 전복, 귤 같은 물건을 싣고 뭍으로 가서 곡식이나 소금으로 바꿔 돌아올 때면, 늘 어머니의 손을 잡고 그렇게 마중을 나가곤 했다.

"만재야, 어디 있느냐? 어서 상인들 맞으러 포구에 나갈 채비를 해야지."

만덕이 머리에 흰 수건을 두른 채 안거리(안채)의 방문을 열고 나오며 동생 만재를 찾았다. 만재는 부모를 잃은 뒤 여태껏 먼 친척집에서 얹혀살다가 얼마 전 누이가 관기를 그만두고 장사를 해 보기로 했다는 소식을 듣고 찾아와 일손을 거들어주고 있었다.

"에잇! 만날 나가봐야 헛고생이라고요. 제주 배든 육지 배든 저들은 다 동문시장의 상인들과 단골을 맺고 있는데, 누가 우리하고 거래하겠소?"

만재는 밖거리(바깥채)에서 한창 낮잠을 자다가 나왔는지 짜증난 어투로 말했다.

"그래도 나가봐야지. 이렇게 헛되이 세월만 보내다가는 관기 노릇 하며 애써 모은 재산마저 다 까먹고 말겠다."

앞에서 말했던 것처럼 만덕은 관기로 있을 때도 입을 것 입지 않고, 먹을 것 먹지 않으며 악착같이 돈을 모았다.

"하여간 누님도……. 지난번 이방의 말처럼 고집불통에다 돈밖에 모른다니깐."

"시끄럽다, 이 녀석아! 꾸물대지 말고, 얼른 창고에 가서 지게나 갖고 나오너라."

만덕은 동생과 함께 지게를 지고 나란히 포구로 내려갔다. 아직도 짜증이 풀리지 않았는지 작대기로 지게 다리를 툭툭 두드리며 가던 만재가 갑자기 고개를 획 돌려 만덕에게 물었다.

"누님, 왜 하필 포구에서 장사를 하려 하오? 남들은 다 제주성 동문 밖에 터를 잡고 하는데 말이오."

"응, 소문을 들으니 요즘 육지에서도 내륙의 장시만이 아니라, 해안이나 강가의 포구가 새로운 교역 중심지로 떠오르고 있다더라. 내가 보기에 앞으로는 이곳 포구가 섬 안의 오일장과 함께 제주 상업의 거점이 될 듯싶다."

객주의 역할

조선 후기 각 지역의 포구에는 대량의 물자를 원격지로 이동하는 선상(船商)이 출입했고, 그들의 거래를 주선해주는 객주가 있었다. 객주의 주된 업무는 선상이 수송해온 물자를 대상인이나 행상에게 중개해주는 일이었다. 그러므로 객주의 거래 규모는 대단히 컸고, 도매의 성격을 띠고 있었다. 객주에서는 거래를 주선해주고 구문(口文)이라는 수수료를 받았는데, 구문은 보통 거래액의 십분의 일 정도였다. 또 그들은 부수적으로 숙박업과 화물 보관업, 운반업, 금융업 등을 하기도 했다.

만덕도 기본적으로 이러한 객주를 운영했을 것으로 판단된다. 하지만 앞의 채제공의 기록을 토대로 보면 만덕이 하던 일은 중개업이나 위탁판매업보다는 도매업에 가깝지 않았을까 한다. 다시 말해서 만덕은 화북포구에 객주와 유사한 형태의 점포를 차려놓고, 육지의 선상들에게 물건을 도매로 사들였다가 제주의 행상이나 백성에게 도·소매로 팔아(물론 그 반대의 경우도 했다) 그 시세차익으로 큰돈을 벌었던 듯하다. 사실 지금까지 사학계에서는 육지의 객주들이 중개업이나 위탁판매업에 그쳤다고 보아왔지만, 야담 자료를 보면 의외로 도매업을 하는 객주도 많았다. 또 뒤에서 보겠지만 당시 여상인들도 중개업보다는 도매업에 가까운 장사를 하고 있었다.

얼마 후 만재가 다시 물었다.

"그럼 대체 이곳에서 무슨 장사를 할 셈이오?"

"응, 육지 포구의 상인들처럼 객주를 차려놓고 큰 장사를 해볼까 한다."

만덕이 자못 결의에 찬 목소리로 말했음에도, 만재는 여전히 믿기지 않는다는 듯 콧방귀를 뀌며 말했다.

"흥! 말이야 그럴듯하네요. 허나 과연 누님의 뜻대로 될는지 모르겠소. 동문시장의 거상들이 얼마나 지독한 놈들인데……."

"물론 그자들이 가만있지 않을 테지. 그래도 난 기필코 큰 장사를 벌이고 말 테니, 두고 보라지."

두 사람은 포구로 내려가 멀리 바다를 내다보았다. 파도는 그리 높지 않았고, 갈매기들이 끼룩끼룩 소리를 내며 연안에서 고기를 잡는 어부들의 머리 위를 맴돌고 있었다.

포구에는 벌써 많은 사람들이 나와서 배가 들어오기만을 기다리고 있었다. 조금 전의 그 사내아이와 어미뿐 아니라 물건을 사러 나온 동문 시장의 상인들, 배에서 물건을 하역하는 짐꾼들, 그리고 요염하게 단장한 뭇 과부들이 있었다.

"오늘은 돈 잘 쓰는 호탕한 사내들이 많이 들어와야 할 텐데!"

"글쎄 말이야. 요새 같아서는 술장사도 못 해먹겠어."

군이 물어보지 않아도 주막에서 술을 파는 아낙들임에 틀림없었다. 조선시대 제주에는 유녀(遊女)라는 특수한 계층의 여인들이 있었다. 《세종실록》 9년(1427) 6월 10일조에 이런 기록이 있다. "제주에는 공·사비(公私婢)의 자식과 양갓집의 여자를 유녀라 칭하여 그 이름을 장부에 적어넣고 관비와 같이 부리는 풍속이 있습니다. 그 이유를 물으니 '이 무리들은 상인을 보면 음란한 행동으로 이익을 취하고 그 부부관계를 문란하게 하므로, 이 같은 역으로 징계를 보여 음풍(淫風)을 금하는 것이다'라고 말했습니다." 또 김상헌(金尙憲)의 《남사록(南槎錄)》에는 "제주에는 여자가 남자의 수보다 곱이나 많아 남편 없는 자가 무척 많은데 그들은 의식(衣食)이 매우 어려운 처지였다. 매년 8, 9월 사이에 북쪽 땅의 장사치들이 물건을 팔러 들어오면 제주의 유녀들이 머리를 빗고 세수를 하고 요염한 모습으로 포구에 몰려들어 먼 곳을 바라본다"라고 기록되어 있다.

만덕이 바닷가에 지게를 세워놓고 쭈그리고 앉자, 그 여인들이 힐끔힐끔 쳐다보며 귓속말로 수군거렸다.

"저이가 만덕인가 보지?"

"응, 수년 동안 관기 노릇을 하다가 이번에 사또께 나아가 바득바득 우겨서 관기를 그만두었대요. 그리고 이곳 포구에 객주를 차려놓고 장사를 시작했다더군요. 흥! 혼자서 잘난 척하기는."

"그래봐야 별수 있겠수. 동문시장의 거상들이 제주 상권을 다 휘어잡고 있는데. 게다가 이방도 관기로 애써 키워놨더니 그냥 나가버렸다고 화가 나서 단단히 벼르고 있답디다."

"호호호, 여자가 장사는 무슨 장사람. 차라리 우리처럼 주막이나

▲ 조선시대의 여상인들 김홍도, 〈매염파행〉, 《행려풍속도
병》, 국립중앙박물관 소장
- 포구에서 여인들이 소금과 생선을 머리에 이고 장삿길에
나서고 있다.

▼ 주막 김홍도, 〈주막〉, 《단원풍속화첩》, 국립중앙박물관 소장
- 길가 주막에서 한 여인이 술청에 앉아 국자로 술을 퍼서 잔
술을 팔고 있다.

하지. 얼굴도 저만하면 반반한 거 같은데 말이야."

만덕은 그 소리를 듣고 은근히 부아가 치밀어 올랐으나, 속으로 꾹 참고 묵묵히 바다만 쳐다보았다.

"와, 저기 우리 아부지다!"

"그래, 네 아버지로구나."

소년과 어미가 멀리 선창에 서서 손을 흔드는 한 남정네를 가리키며 신이 나서 말했다. 역시 제주의 큰 바다에 익숙한 제주 상인의 배가 먼저 들어오는 듯했다. 어미는 다시 바다를 향해 머리를 숙이고 두 손을 모아 비비며 말했다.

"용왕님, 제 남편이 무사히 바다를 건너게 해주셔서 참말로 고맙습니다요."

제주 배는 포구 가까이에 이르자 돛을 내리고 노를 저어 다가왔다. 배 안에는 선장 격인 사공 1명과 노를 젓고 물건을 싣고 내리는 격군 15명가량이 타고 있었고, 곡식과 소금 등이 가득 실려 있었다.

제주 배가 들어오고, 뒤따라 육지 상인의 배도 하나둘씩 속속 들어왔다. 당시 상인들은 조난의 위험 때문에 대개 이렇게 몰려다니곤 했다. 하지만 그들도 역시 제주 배처럼 동문시장의 상인들과 단골을 맺고 있는지 그들과 거래한 뒤 곧바로 물건을 하역하여 말이나 수레에 싣고 제주성 동문 밖으로 떠나갔다.

육지 상인과의 첫 거래

마침내 포구에 있던 사람들이 하나둘씩 썰물처럼 빠져나가자 만재가 허탈하게 웃으며 말했다.

"허허, 또 헛고생을 했군. 내가 뭐라고 했소? 다들 동문시장의 상인들과 단골을 맺고 있어서, 우리가 거래를 터볼 만한 이는 아무도 없다고 말하지 않았소."

"어쩔 수 없지. 오늘도 그냥 돌아갈 수밖에······."

한데 두 사람이 막 객주로 발길을 돌릴 즈음, 배 1척이 돛을 내리고 노를 저어 포구로 들어왔다.

"어기어차 다 왔네. 예가 바로 제주로구나."

"앗! 처음 보는 상인들이다."

만재가 누이를 돌아보며 활짝 웃는 얼굴로 말했다. 그러고는 얼른 바닷가로 내려가 그들이 던진 닻줄을 힘껏 끌어당기며 사공인 듯한 사람에게 물었다.

"어디서 온 배입니까?"

"전라도에서 온 배요."

"뭘 싣고 왔는데요?"

"온통 소금이라오."

당시 제주에 드나드는 상인들은 주로 전라도의 선상이었다. 그들은 제주에서 가장 긴요한 물건인 곡식과 소금, 면화 등을 싣고 바다를 건너왔는데, 전라도 내륙에서 활동하는 행상들에 비해 거래 규모가 컸기 때문에 이윤도 그만큼 많이 남았다.

배가 완전히 바닷가에 닿자 상인들이 한 사람씩 닻줄을 잡고 뭍으로 뛰어내렸다. 그중 한 사람은 배 멀미를 심하게 했는지, 뭍에 내리자마자 주저앉아 한바탕 질펀하게 토하더니 이내 창백한 얼굴로 말했다.

"아이고, 제주 큰 바다가 무섭다는 말은 들었지만, 이렇게 무서
울 줄이야!"

만재가 그에게 다가가 친절하게 등을 두들겨주며 물었다.

"제주에는 초행인가 보군요."

"그렇다오."

그 말에 뭔가 눈치를 챈 만덕이 사공에게 다가가 정중히 물었다.

"어디 정해둔 거래처는 있습니까?"

"없소. 이제 차차 알아봐야지."

"날도 이미 저물어가는데, 저희와 거래하면 어떻겠습니까? 숙식
도 잘해드리고, 소금 값도 후하게 쳐드리겠습니다."

그러자 사공이 만덕의 몸을 죽 훑어보더니 별로 내키지 않는다는
표정으로 물었다.

"댁도 상인이오? 보아하니 나이도 어리고 아녀자인 듯한데."

"호호호, 유감스럽게도 이곳 객주의 주인장입니다."

"제주에도 객주가 다 있소?"

"예, 이번에 제가 새로 열었습니다."

'음, 여자 객주라. 그것 참 재미있구먼.'

사공은 고개를 끄덕이며 혼잣말을 하더니 주변의 격군들을 돌아
보며 물었다.

"여보게, 자네들 의향은 어떤가?"

"글쎄요, 여기까지 온 뱃삯도 있고 숙식비도 내려면 값을 충분히
받아야 할 텐데요."

"암, 그렇고말고!"

육지 상인과의 거래는 생각보다 쉽게 이루어지지 않았다. 사공은

생산지인 염전에서 소금 값이 크게 올랐으니 최소한 얼마까지는 받아야겠다는 주장을 굽히지 않았고, 만덕은 요새 제주의 소금 시세가 워낙 약해서 그 값으로 사들이면 나중에 큰 손해를 볼 것이라고 우겼다.[2] 이처럼 서로 몇 번을 밀고 당겨도 결판이 나지 않자, 마침내 사공이 거래를 포기하고 도로 배에 오르려 했다.

"에잇! 댁과는 도저히 거래할 수 없겠소. 오늘 저녁은 그냥 배에서 자고, 내일 아침에 다시 거래처를 찾아봐야겠군."

그러자 만덕도 물러서지 않고 두 팔을 걷어붙이며 사공의 뱃머리 앞에 털썩 주저앉은 채 이렇게 말했다.

"좋습니다! 그럼 저도 거래가 성사될 때까지 하루건 이틀이건 이 자리에서 꿈쩍도 하지 않겠습니다."

"아니, 서로 조건이 안 맞으면 거래를 못하는 게지, 대체 왜 이러시오?"

"사공 어른! 제 말 좀 들어보십시오. 제가 어렵게 객주를 차려놓고 날마다 이곳에 내려와 거래할 사람을 찾았는데, 아무도 저와 거래를 해주지 않았습니다. 이제 하늘이 감동하여 모처럼 거래할 사람을 만나게 해주었는데, 그까짓 돈 몇 푼 때문에 거래를 포기하다니요."

그런 다음 만덕은 사공이 크게 밑지지 않는 가격을 제시하고는 끝으로 이렇게 덧붙였다.

"대신 이번에는 숙식비를 일절 받지 않고, 또 다음 거래 때는 값을 더 후하게 쳐주리다."

---

2) 조선 후기 소금 1섬의 가격은 쌀값의 절반인 1~2냥이었으나, 소금 흉년에는 가격이 올라 4~5냥이 되기도 했다.

그제야 사공도 손가락을 꼽아가며 속으로 열심히 계산을 하기 시작했다.

'음, 숙식비는 일절 받지 않겠다고? 그럼 나도 손해 볼 것은 별로 없겠군.'

잠시 후 사공은 갑자기 허리를 뒤로 젖히더니 껄껄껄 웃으며 큰 소리로 말했다.

"좋소! 어디 한번 댁과 거래를 터봅시다."

그 소리에 만덕이 반색을 하고 자리에서 일어나 이렇게 말했다.

"고맙습니다! 예부터 젊은 사람한테 선심 써서 나중에 손해 볼 일은 없다고 했습니다. 두고 보십시오, 사공 어른."

두 사람의 거래가 성사되자 사람들은 한바탕 박수를 친 뒤 본격적으로 소금을 하역하기 시작했다. 만덕도 여느 장정들처럼 소금 1섬을 지게에 지고 일어나면서 만재를 향해 신이 나서 말했다.

"만재야, 뭐하느냐! 얼른얼른 날라야지."

"어이쿠! 우리 누님, 모처럼 힘 한번 쓰시겠네."

그것을 본 사공이 자못 놀란 표정으로 달려와 지게를 붙잡고 만류했다.

"아니, 여자는 굳이 나르지 않아도 되는데……. 이러다가 허리라도 다치면 어쩌려고 그러시오?"

"허허, 저도 장정 한 사람 몫은 충분히 해내니 너무 걱정하지 마십시오. 제주에서 여자를 얕잡아봤다가는 큰코다치십니다, 사공 어른."

"아, 알았소. 마음대로 하시구려."

이날 만덕은 객주 창고에 소금을 다 들일 때까지 조금도 힘들다는 내색 없이 지게질을 계속했다.

제주 여성의 삶

제주는 일찍부터 돌, 바람, 여자가 많은 '삼다(三多)'의 섬으로 알려져 왔다. 여기서 우리는 제주의 여성이 제주를 다른 지역과 구별 짓는 특수한 요소임을 알 수 있다. 그중에서도 특히 '해녀(海女)'라고 불리는 '잠수(潛嫂)'는 근면하고 강인한 제주 여성의 전형으로 인식되고 있다. 잠수로 대표되는 제주 여성에 관한 이야기는 제주섬 전체의 정체성과 역사를 동시에 반영한다. 수탈과 고통으로 얼룩진 제주 잠수들의 역사는 곧 소외되고 왜곡되었던 제주의 역사와 맞물려 있기 때문이다.

제주의 잠수들은 다른 지역의 여성들과는 사뭇 다른 일상을 살아간다. 그들의 작업, 즉 물질은 물때가 맞을 때에만 할 수 있기 때문에 대부분의 잠수들이 평소에는 농사를 짓다가 간조가 되면 바다로 나가 해산물을 채취하고, 다시 만조가 되면 농사일 혹은 가사를 돌본다. 이들의 고된 노동과 관련해 다음과 같은 일화가 전해진다. 조선 세종 때 눈보라가 하늬바람에 얹혀 매섭게 휘몰아치던 날 기건(奇虔) 목사가 순력에 나섰다. 그런데 엄동설한에 발가벗은 여인들이 무리지어 바다로 뛰어드는 것이 아닌가. 그 광경에 질려버린 목사는 그 후로 염치지심(廉恥之心)이 용납하지 않아 그네들 손으로 잡아 올리는 전복이나 소라 따위를 일절 먹지 않았다고 한다. 이렇게 잠수들이 추위도 두려움도 모르고 바다로 뛰어들어 채취한 해산물은 역사적으로 제주 경제의 중추를 담당해왔다. 감귤이 제주도민의 주요 소득원이 되기 전인 1960년대의 통계를 보면, 잠수들이 해산물을 채취해 얻는 수입이 전체 가정 소득의 3분의 1을 차지했다고 한다.

직업인으로서 제주 잠수들이 단체로 물질을 하는 기간은 마을마다 조직되어 있는 잠수회와 어촌계의 합의에 따라 이루어진다. 마구잡이로 물질을 하게 되면 소중한 해산물이 곧 바닥을 드러내기 때문이다. 잠수들은 반드시 공동으로 움직이기 때문에 자연스럽게 공동체 의식이 발달했다. 한 번 바다에서 물질을 하고 나면, '불턱'에 몰려 와서 함께 불을 쬔다. 이렇게 모여 앉으면 자연히 대화가 만발하고, 민요를 중심으로 한 노래잔치가 벌어지기도 한다. 제주 잠수들에게 전해 내려오는 민요에서는 그들이 겪어온 고난과 질곡의 세월이 묻어난다.

우리들은 제주도의 가엾은 잠녀
비참한 살림살이 세상이 안다
추운 날 무더운 날 비가 오는 날
저 바다 물결 위에 시달리는 몸
아침 일찍 집을 떠나 어두우면 돌아와
어린 아기 젖멕이멍 저녁밥 진자
하루 종일 해봤으나 번 것이 없어
살자하니 한숨으로 잠 못 이룬다.

물론 이들의 노래가 단순한 신세타령에 그치는 것은 아니다. 제주 잠수들은 현실의 어려움을 솔직하게 노래하면서 가슴속 한(恨)을 정화하고, 그런 감정을 서로 공유하며 잠수로서의 정체성을 다져갔다. 오늘도 변함없이 차가운 바다에 몸을 던지는 잠수들의 모습에서 우리는 생존이라는 현실과 그것을 극복하려는 초인적인 의지를 함께 느낄 수 있다.

제주에서 상인이 된다는 것

상업의 도시 제주

제주는 화산섬이라 토지가 척박하여 농업에만 의존해서는 생계를 유지하기가 어려웠다. 예컨대 '제주의 토지는 본래 척박해서 아무리 부지런히 일해도 공은 100배나 들지만 항상 1년 동안의 양식을 하기에 부족함이 있습니다. 이로 말미암아 농사를 짓지 않고 상업에 힘쓰는 자가 자못 많습니다' 라는 《세종실록》 원년(1919) 9월 11일조의 기록이 그것을 단적으로 말해준다.

그래서인지 제주 사람들은 일찍부터 상업과 어업에 종사하는 경우가 많았다. 실제로 1910년경 내륙 지방인 충북의 직업 구성이 농업호(92.6%)·상업호(4.0%)·공업호(0.6%)였던 데 반해, 제주는 농업호(47%)·상업호(19%)·어업호(21%)·날품팔이(7%) 순이었다. 그만큼 예부터 제주는 상업과 어업이 발달한 지역이었던 것이다. 만덕이 여자임에도 별다른 거리낌 없이 장사에 뛰어든 데에는 아마도 이런 제주 특유의 상업적인 분위기가 많이 작용했을 것이다.

만덕의 객주는 포구에서 조금 떨어진 마을 아래쪽 대로변에 있었다. 꽤나 넓은 터에 안거리와 밖거리, 이문간(대문간), 창고, 마구간 등의 건물이 마당을 중심으로 ㅁ자로 알맞게 들어서 있었다. 안팎거리 모두 제주의 전형적인 집 구조인 세칸집이었는데 안거리는 주인이, 밖거리는 육지 상인이나 제주 행상 등 손님들이 사용했다. 원래 제주는 평야가 적고 돌이 많아 논농사가 발달하지 못했기 때문에 볏짚보다는 풀이나 억새로 엮은 이엉으로 지붕을 이었으며, 거센 바람을 이기도록 지붕을 낮게 하고 굵은 새끼줄로 그 위를 촘촘히 동여매두었다. 그리고 집 둘레에는 주변에서 흔히 구할 수 있는 돌로 담을 둘렀다. 담이 높은 것도 바람을 피하기 위한 하나의 방편이었다.

"꼬끼오 꼬끄!"

이튿날 아침, 만덕은 닭 울음소리와 함께 잠에서 깨어났다. 어제 초저녁까지 소금을 지게에 지고 날라서인지 양쪽 어깨가 몹시 뻐근했다. 하지만 육지 상인의 아침식사를 준비해야 했기 때문에, 억지로 몸을 일으켜 흰 수건을 머리에 두르고 부엌으로 나갔다.

"어휴, 힘들어!"

어느새 일어나 물을 길러 나갔는지 언년이가 물 허벅을 등에 지고 씩씩거리며 대문 안으로 들어왔다. 그녀는 만덕이 관기였던 시절부터 만덕의 집에 들어와 부엌일을 거의 도맡아 해주고 있었다.

"아침부터 뭐가 힘들다고 그러느냐?"

"이놈의 물 한 번 길어오려면 몇 리씩 갔다 와야 하잖아요."[1]

"너만 그러냐? 제주 아낙들은 다 그렇게 살잖아. 하루 이틀 하는 일도 아니거늘 새삼스럽게 웬 투정이냐?"

"헤헤, 언니도 참! 투정하는 게 아니라 말이 그렇다는 거죠."

쾌활한 성격의 언년이는 이렇게 말하고는 부엌으로 들어가 선 채로 물 허벅을 기울여 항아리에 물을 부었다.

"그나저나 국은 뭣으로 끓여야 하나? 국거리도 없을 텐데 말이야."

만덕이 부엌으로 따라 들어가 이리저리 둘러보며 걱정스럽게 물으니, 언년이가 계속 물을 부으면서 대답했다.

"옥돔국[2]이나 끓일까 해서 아까 포구에서 옥돔 몇 마리를 사다 놨어요. 걱정 말고 언니는 솥에 불이나 지피세요."

만덕은 땔나무를 가져와 솥에 불을 지폈다. 얼마 안 있어 물이 끓기 시작하자 언년이가 먼저 옥돔을 넣고 이어서 미역을 넣은 다음, 마늘과 장으로 간을 맞추었다.

"언니, 간 좀 봐주세요."

언년이가 국자로 국물을 조금 퍼서 만덕에게 내밀며 말했다.

"음, 맛있다! 역시 언년이 음식 솜씨는 최고라니깐."

이윽고 국이 충분히 끓자 만덕이 자리에서 일어나 서서히 밥상 차릴 준비를 했다.

"언년아, 밥은 안 해도 충분하겠지? 어젯밤에 보니까 꽤 많이 남아 있던데."

"네. 육지 상인한테 아침부터 식은 밥을 주기는 뭣하지만 그래도

---

1) 당시 제주 사람들은 대개 해안에서 드물게 솟아나는 용천수를 길어다 먹었기 때문에 우물에서 멀리 떨어진 곳에 사는 사람들은 물 허벅을 등에 지고 몇 리씩 다녀와야 했다. 그 모습은 임제의 《남명소승(南溟小乘)》에 잘 나타나 있는데, '통나무를 뚫어 통을 만들고 마을 사이에서 물을 길어 지고 다닌다. 땔나무나 물을 지는 것도 모두 여자이다'라고 기록되어 있다.

2) 옥돔은 제주 연안에서 주로 잡히는 어종으로, 이마가 툭 튀어나와 있고 등에 붉은 빛을 띠고 있다. 국을 끓일 때는 옥돔에 미역이나 무를 넣는데, 특히 미역을 넣은 옥돔국은 그 맛이 절묘하여 제주에서 알아주는 별미로 손꼽힌다.

어쩔 수 없죠, 뭐."

"한데 조를 너무 많이 넣어서[3] 까끌까끌하니 삼키기가 어렵더라. 보리쌀이라도 조금 넣어서 짓지 그랬느냐?"

"하필이면 보리가 똑 떨어져서 그만……."

만덕은 둥그런 밥상에 수저와 밑반찬을 놓고, 바가지 하나에 조밥을 수북이 퍼서 밥상 가운데에 놓았다. 그리고 언년이는 사람 수대로 국을 차근차근 퍼서 밥상에 올렸다. 과거 제주 사람들은 대개 이렇게 밥은 함께 먹고, 국만 각자 한 그릇씩 따로 퍼서 먹었다.

52

토착 상인들의 횡포

"주인장 계시오!"

만덕의 식구들과 육지 상인들이 아침밥을 거의 다 먹어갈 무렵, 갑자기 한 무리의 사람들이 몰려와 대문 밖에서 큰소리로 주인을 찾았다. 저마다 지게를 지고 있거나 말을 끌고 온 것으로 보아, 물건을 도매로 떼어다 각 지역을 돌아다니며 소매로 파는 행상인 듯싶었다.[4]

"아니, 뉘시기에 식전부터 찾아와 시끄럽게 떠드는 거요?"

문 앞에 앉아 있던 언년이가 수저를 놓고 나가서는 그중 맨 앞에

---

3) 이 시기 제주 사람들은 봄과 여름에는 보리밥을, 가을과 겨울에는 보리를 섞은 조밥을 흔히 먹었다. 한데 조밥은 날마다 먹기가 여간 힘들었던 것이 아닌 모양이다. 인조 때 제주에서 귀양살이를 한 적이 있는 이건은 《제주풍토록》이란 책에 '가장 괴로운 것은 조밥이요, 가장 두려운 것은 뱀과 전갈이요, 가장 슬픈 것은 파도소리다'라고 기록했다.

4) 《정조실록》 5년(1781) 6월 15일조를 보면, 홍대섭이란 자가 행상 차림으로 섬 안을 두루 돌아다니며 범죄를 저질렀다는 기록이 나오는데, 이를 통해 당시 제주에도 분명 행상이 존재했음을 알 수 있다.

▲ **밥상차림** 제주교육박물관 소장
- 제주 사람들은 대개 밥은 함께 먹고, 국
만 한 그릇씩 따로 퍼서 먹었다.

▶ **행상** 오명현, 〈부옹(負甕)〉, 국립중앙박
물관 소장
- 독에 젓갈이나 소금을 담아 지게에 지고
팔러 가는 모습이다.

서 있는 사람에게 물었다. 그는 20대 후반의 건장한 청년으로 등에 지게를 지고 있었는데 본래부터 입담이 좋은 것인지, 아니면 언년이를 보고 마음에 들었는지 처음부터 농담조로 나왔다.

"나 말이오? 이 천태남을 모른단 말이오?"

"천태남인지 만태남인지 내가 어찌 안단 말예요?"

"천하의 태평한 남자, 천태남! 이 섬에서 제일가는 소금장수를 여태 몰랐단 말이오? 허허, 앞으로는 자주 볼 테니 너무 걱정 말구려. 내, 아가씨가 마음에 들었거든."

언년이는 '무슨 이런 실없는 사람이 다 있어?'라고 생각하면서 아무 말 없이 그의 얼굴만 뚫어지게 쳐다보았다.

"그건 그렇고, 대체 이 집 주인이 누구요?"

"나 김만덕이오! 무엇 때문에 나를 찾으시오?"

만덕이 신발을 신고 걸어 나오며 자못 위풍당당하게 대답했다. 그러자 천태남이 얕보는 듯한 태도로 다시 물었다.

"애개개, 여자가 주인장?"

"여자는 장사하면 안 된다는 법이라도 있소?"

만덕이 가슴을 내밀고 앞으로 나아가며 더욱 위풍당당하게 되물으니, 천태남은 슬슬 뒷걸음을 치며 자신이 찾아온 이유를 공손히 말했다.

"아, 아니오. 다른 게 아니라 어제 이 집에서 육지 상인한테 소금을 많이 사들였다고 들었소. 그래서 우리한테 좀 팔라고 식전부터 찾아온 겁니다. 요즘 소금이 하도 귀해서요."

"소금이야 동문 밖의 상점에 가면 창고마다 가득가득 쌓였을 텐데요. 어제도 육지에서 소금을 들여오던데."

"글쎄 말입니다. 한데도 저놈들이 서로 공모를 하여 소금 값이 천정부지로 오를 때까지 팔지 않으니, 우리같이 힘없는 행상들은 미치고 환장할 수밖에요."

그 말에 만재가 만덕을 제치고 앞으로 나와 성난 어조로 물었다.

"아니, 그건 매점매석이 아니오! 누가 그런 천인공노할 짓을 주도하고 있다는 말이오?"

"누군 누구겠소. 동문시장의 상인이자 제주 최고의 거상인 부목한이지."

"부목한?"

"그자가 바로 소금이든 곡식이든 헐값에 사들여 값이 하늘만큼 오를 때까지 기다렸다가 폭리를 취하도록 다른 상인들을 조종하고 있다오. 한데 문제는 값이 비싼 건 둘째로 치더라도 물건이 급히 필요해도 구할 길이 없다는 것이오."

"저런 나쁜 놈들!"

그때, 바깥채에서 아침밥을 먹고 있던 사공이 수저를 던지고 나오며 천태남에게 말했다.

"이보쇼! 그럼 이 집 주인장처럼 포구에서 기다리고 있다가 육지 상인이 물건을 가져오면 재빨리 중간에서 사들이면 되지 않겠소."

"허허, 속 모르는 소리 하들랑 마시오! 원래 포구에서 물건을 거래할 땐 반드시 그들의 중개나 허락을 받아야 한다오. 당신들은 그러지 않았으니, 만일 이 사실을 저들이 안다면 당장 쫓아와서 강제로 소금을 빼앗아갈 것이오. 그러니 아무도 모르게 얼른 우리한테 그 소금을 파시구려. 지금 팔아도 이문은 많이 남을 것이오."

"뭣이라고?"

"두고 보시오. 내 말이 맞는지 틀리는지 금방 알게 될 게요."

만덕이 장사를 시작할 무렵인 18세기 중후반은 시전상인과 부상대고 같은 토착 상인의 전횡이 극심한 시기였다. 우선 시전상인은 관아에 물품을 조달하거나 특별세를 납부하는 대신에 금난전권(禁亂廛權)을 행사할 수 있었다. 금난전권이란 조선 정부가 시전상인에게 부여한 특정 물품의 독점 유통권으로서, 해당 물품은 이를 가진 시전 상인만이 독점적으로 취급할 수 있었다. 시전상인들은 다른 이들이 해당 물품을 임의로 거래할 경우, 이를 '난전'으로 규정하여 거래를 중지시킬 뿐 아니라 그 물품까지도 압수하곤 했다. 또한 부상대고는 큰 자본을 가지고 대규모로 장사를 하는 사람들로, 이들 역시 관권을 등에 업고 막대한 이윤을 취했다. 이에 따라 새로운 상인층인 사상(私商)들은 배를 타고 생산지에 직접 가서 대량으로 물품을 구입해와 가격을 조절하는 방식으로 이윤을 추구했다. 즉 그들은 창의적 상술과 적극적 상행위로 자신들의 이익을 점차 증대해갔던 것이다.

물론 지금까지 이들에 대한 연구가 주로 한양을 중심으로 이루어졌기 때문에, 당시 제주에도 그러한 상인들이 존재했는지는 명확히 알 수 없다. 하지만 북한학자 홍희유를 비롯한 일부 학자들은 한양만이 아니라 개성, 나주, 경주, 전주 등 지방 대도시에도 그러한 상인들이 존재했다고 주장하고 있다. 또한 앞에서 보았던 것처럼 예부터 제주는 상업이 매우 발달해 있었고 제주목이라는 관아가 있었으니, 토착 대상 인이 일부나마 존재했을 가능성을 완전히 배제할 수는 없다.

사실 만덕의 재능이 아무리 뛰어났다 하더라도, 평생 순탄하게 장사를 해서 큰돈을 벌지는 못했을 것이다. 게다가 만덕은 여상인이었기 때문에 더욱 많은 우여곡절을 겪었을 것이다. 그래서 만덕의 적대자를 기존의 토착 대상인들, 특히 당시 제주 최대의 시장이었던 동문시장의 거상들로 설정해보았다.

실패의 쓴맛

얼마 후 만덕이 제주의 행상들에게 소금을 내주고 있는데, 키도 크고 덩치도 좋은 청년 하나가 6~7명의 장정들을 데리고 객주로 무작정 쳐들어와 호통을 쳤다.

"당장 그만두지 못할까! 누구 맘대로 소금을 거래하느냐? 소문을 듣고 설마 해서 왔더니 정말로 난전을 벌이고 있구나."

깜짝 놀란 만덕이 소금을 담은 섬을 바닥에 내려놓고 조심스레 물었다.

"댁은 뉘시기에?"

"뉘라니? 난 부목한 어른의 차인(差人)[5] 강여일이다."

"한데 어째서 소금 거래를 못하게 하시오?"

"곡물이나 소금 같은 생필품은 우리 동문시장 상인만이 거래할 수 있다는 걸 모르느냐?"

"아니, 무슨 권리로 당신네만이 거래할 수 있단 말이오?"

"우리는 관아에 특별세를 내고 그것들을 독점적으로 거래할 수 있도록 허락을 받았다. 그래도 무슨 할 말이 있느냐?"

"……."

관아의 허락을 받았다는 말에 만덕은 더 이상 할 말이 없었다. 그

---

5) 장사하는 일에 시중을 드는 사람

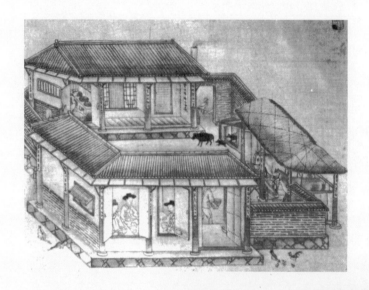

▲ 객주 김준근, 〈객주〉, 《기산
풍속화첩》, 독일 함부르크 미술
관 소장
- 조선시대 객주의 모습이다.
안채와 바깥채, 마구간 등으로
이루어져 있다.

▶ 물깃기 한국사진박물관 소장
- 과거 제주 여성들은 물 허벅
을 등에 지고 멀리서 물을 길어
와야 했다.

럼에도 어렵게 잡은 장사 기회를 놓칠 수는 없었기 때문에 어떻게든 그를 설득해보려 했다.

"이보시오, 그럼 우리 같은 사람들은 뭘 먹고 살란 말이오? 우리한테도 뭔가 살길을 터주어야 하지 않겠소?"

"그거야 내 알 바 아니지. 굳이 장사를 하고 싶다면 배를 타고 직접 육지에 가서 물건을 사다가 팔든지."

"직거래? 직거래는 해도 된다는 말이오?"

"그야 제주 밖의 일이니 아무렴 어떨까."

하지만 강여일은 거의 비웃는 투로 다시 말했다.

"허나 당신 같은 주제에 무슨 돈이 있다고 배를 구할 수 있겠어? 장사는 아무나 하는 줄 아나. 흥! 여자가 장사는 무슨 놈의 장사야. 차라리 기생질이나 계속할 것이지."

그 말에 바로 곁에 서 있던 만재가 버럭 화를 내며 달려가 강여일의 멱살을 틀어잡고 소리를 쳤다.

"뭐야, 이 자식아! 너 지금 뭐라고 했어? 다시 한 번 말해봐. 노비 출신인 주제에 부목한의 차인이라고 함부로 지껄이기는."

그럼에도 강여일은 '허허' 하고 억지웃음을 지으며 더욱 능청스럽게 말했다.

"그럼 누군 천한 관기의 동생이 아니었던가?"

"뭐라고? 에잇!"

만재는 더 이상 화를 참지 못하고 주먹으로 강여일의 얼굴을 사정없이 내리쳤다.

"아니, 이 자식이 겁도 없이 우리 형님의 면상을 쳐! 너 오늘 잘 걸렸다. 어디 한번 죽어봐라."

강여일과 함께 왔던 자들이 마치 기다렸다는 듯 우르르 달려들어 만재를 마구 때리기 시작했다.

"이 무슨 짓들이냐! 당장 그만두지 못할까!"

만덕이 그들 뒤에서 큰소리로 제지를 해도 전혀 소용이 없었다. 만재의 코에서 붉은 피가 흐르자, 다급해진 만덕이 비명을 지르며 객주를 그만두겠다고 선언했다.

"아악, 이놈들! 객주를 안 하면 될 게 아니냐. 안 하면은!"

"흐흐, 진작 그럴 것이지."

강여일은 비로소 장정들에게 만재를 풀어주고 창고에 있는 소금을 모두 수레에 옮겨 싣도록 명령했다. 그런 다음 기절한 동생을 안고 있는 만덕을 향해 전대(돈주머니) 하나를 내던지며 말했다.

"소금 값은 우리 식대로 계산했으니 너무 원망하지 말아라."

강여일 일당이 돌아가자 만덕은 천태남과 육지 상인의 도움을 받아 만재를 방안으로 옮겨 눕혔다. 하지만 끓어오르는 분노를 도저히 참을 수 없어 밖으로 뛰쳐나가 소리를 질렀다.

"이 날강도 같은 놈들! 내 당장 관아에 고발할 테다."

"그래 봐야 아무 소용없으니 주인장이 참으시오."

천태남이 마당까지 뒤쫓아 나와 만류해도 그녀는 두 팔을 걷어붙이고 제주성을 향해 무작정 달려갔다.

만덕이 꽤나 먼 길을 달려 관아 앞에 당도하니, 때마침 이방이 출근하는 길인지 견마 잡힌 말을 타고 관아로 다가오고 있었다.

"이방 어른! 드릴 말씀이 있소!"

"아니, 이게 누구야? 만덕이 아니냐. 관기를 그만두고 장사를 하겠다더니만, 그래 돈은 많이 벌었느냐? 하긴 관기로 있으면서도 제주 관아의 돈은 다 긁어갔는데, 장사를 하면 오죽이나 돈을 많이 벌었을꼬."

만덕이 매우 다급한 목소리로 불렀지만, 이방은 하마비(下馬碑)를 밟고 말에서 내려오며 빈정거리는 어투로 자꾸 엉뚱한 얘기만 늘어놓았다.

"억울하옵니다, 이방 어른!"

"응? 그 잘난 만덕이가 뭣이 억울할꼬?"

"부목한이 차인 강여일을 시켜 남의 물건을 함부로 빼앗고 사람을 죽도록 때리기까지 했습니다."

"제주 최고의 거상 부목한이 그럴 사람이 아닌데……. 대체 무슨 물건을 거래했기에 그리하였을까?"

"어제 육지 상인이 들여온 소금을 조금 거래했습니다."

그 말에 이방이 고개를 끄덕이며 계속 빈정거리는 어투로 말했다.

"그렇다면 부목한이 당연한 일을 했군. 네가 맞을 짓을 했어. 제주의 곡물과 소금은 저들이 독점유통권을 갖고 있거든."

"그래도 이건 해도 너무합니다. 우린 어찌 살라고……."

"넌 그것도 모르고 장사를 했단 말이냐. 이제 보니 너도 별수 없는 년이로구나. 나 같으면 차라리 배를 구해 육지와 직접 거래하고 말겠다."

그제야 만덕은 관아에 고발해도 아무 소용이 없을 거라는 천태남의 말이 떠올랐다.

"예, 잘 알겠소!"

만덕은 이를 악문 채 짧게 대답하고 그냥 집으로 돌아오는 수밖에 없었다.

제주의 역사

지금까지 제주는 육지와는 별개인 멀고 이국적인 도시로만 인식되어왔고, 지금도 주로 관광과 휴양의 도시로만 알려져 있다. 하지만 제주는 독자적인 오랜 역사를 가지고 있을 뿐 아니라, 다른 지역에서는 쉽게 찾아보기 어려운 신화와 언어, 민속, 유적 등을 지닌 '역사와 문화'의 섬이다. 여기서는 제주의 시조신화와 역사에 대해 간략히 알아보자.

본래 제주는 '탐라국' 혹은 '탁라'라는 이름으로 불렸다. 태초에는 사람이 없었으나 어느 날 땅에서 세 신인(神人)이 솟아올랐다. 지금의 한라산 북쪽 기슭에 있는 모흥이란 굴이 바로 그곳이다. 맏이는 양을나이고, 둘째는 고을나, 셋째는 부을나였다. 세 신인은 궁벽한 황무지를 돌아다니며 사냥한 고기를 먹고, 그 가죽으로 옷을 만들어 입고 살았다.

어느 날 그들은 붉은 진흙으로 봉한 나무함이 동쪽 바닷가에서 떠오는 것을 보았다. 재빨리 가서 열어보니 그 안에는 돌함이 들어 있었고, 붉은 띠에 자주색 옷을 입은 사자(使者)가 따라왔다. 돌함에는 푸른 옷을 입은 3명의 처녀와 망아지, 송아지, 오곡의 종자가 들어 있었다. 사자가 말했다.

"저는 일본국 사신입니다. 우리 왕이 세 딸을 낳아 기르고 있는데, '서쪽 바다 가운데 있는 산에 신의 아들 셋이 내려와 장차 나라를 세우고자 하나 배필이 없다'라고 말씀하시며 세 딸을 보냈으니 이들을 배필로 삼아 큰 업을 이루소서."

그리하여 그들은 나이순으로 장가를 들었다. 그런 뒤에 샘물 맛이 좋고 땅이 비옥한 곳으로 나가 활을 쏴서 땅을 정했는데, 양을나가 사는 곳을 제일도(第一島), 고을나가 사는 곳을 제이도(第二島), 부을나가 사는 곳을 제삼도(第三島)라 했다.

뒤이어 오곡을 파종하고 망아지와 송아지를 기르니 날로 부유하고 번성해갔다. 신라시대에 이르러 고을나의 후손인 고후가 두 아우와 함께 바다를 건너가 신라에 조회(朝會)했는데, 왕이 기뻐하며 탐라(耽羅)라는 국호를 주었다. 그 후에는 한동안 백제를 섬기다가 백제가 멸망한 후에는 다시 신라의 속국이 되었다.

탐라국은 고려 숙종 10년(1150) 무렵에 왕제가 폐지되고 탐라군으로 격하되었다. 그리고 충렬왕 3년(1277)에는 원나라에 의해 말을 기르는 목장으로 전락했다. 이에 왕이 원나라에 가서 탐라를 돌려달라고 간청한 뒤에야 다시 고려에 예속될 수 있었다. 이 일을 계기로 왕은 탐라의 이름을 제주로 고치고 목사와 판관을 파견했다. 하지만 1653년에 편찬된 이원진(李元鎭)의 《탐라지(耽羅志)》에 의하면 고려 때까지도 제주에는 성주·왕자가 있어, 중앙에서 파견된 관리와 함께 각각 관아를 세우고 업무를 분담하여 섬을 다스렸다고 한다. 그러다가 조선시대에 들어와 제주의 위상과 신하로서의 본분을 깨닫고 스스로 칭호를 내릴 것을 요구했다.

조선 태종 16년(1416), 제주는 섬의 방어를 튼튼히 할 목적으로 제주목, 대정현, 정의현 등 3개의 행정구역으로 나누었다. 한라산 북쪽인 지금의 제주시와 북제주군은 제주목, 한라산 남쪽인 서귀포시와 남제주군은 둘로 나누어 서쪽은 대정현, 동쪽은 정의현이 되었다.

"주문생산?"

"그러니까 우리가 원료를 사다주고 물건을 만들게 해서 다시 사들이는 방식이죠. 아니면 애초부터 물건을 가공해서 전적으로 우리한테 팔도록 하든가. 그럼 지금보다 값도 싸고 물건도 안정적으로 사들일 수 있을 겁니다."

"음, 직거래보다 한 걸음 나아간 것이로군. 한데 그렇게 할 만한 게 뭐가 있을까?"

"갓일이요. 갓 모자와 양태, 망건, 탕건을 만드는 일 말입니다. 전복도 한번 가공해보면 어떨까 싶어요. 제주 전복은 육지에서 최상품으로 치니까 이익이 아주 클 겁니다."

제 2 부

거상의 탄생

거상이 되기 위한 첫걸음

제주 오일장

이른 새벽의 포구는 고기를 잡아온 어부들과 그것을 사려는 상인들로 넘쳐나고 있었다. 한쪽에서는 어물을 둘러싸고 요란하게 흥정을 벌이고 있었고, 몇몇 상인들은 벌써 다 사들였는지 어물을 말에 싣거나 지게에 지고 제주성을 향해 가고 있었다. 만덕은 포구의 분위기가 평소 같지 않다는 생각이 들어 지나가는 행인을 붙잡고 물었다.

"무슨 날이기에 사람들이 이리 많은 것이오?"

"오늘이 제주 오일장 아니오? 그러니 사람들이 많을 수밖에."

"어이쿠! 내 정신 좀 봐."

만덕은 제주 오일장이란 말에 정신이 퍼뜩 들었다. 당시 제주에서 가장 큰 시장이 열리는 날이었기 때문이다.

'요새 여기저기 어물을 팔러 다녔더니만 오일장 날짜도 잊어버렸네.'

그녀는 서둘러 포구로 내려가 싼값에 풍부하게 사들일 만한 어물을 살펴봤다. 봄에서 여름으로 바뀌는 철이라서 그런지 유독 자리돔이 한창이었다. 5월 보리가 익어갈 무렵이면 제주 바다에는 자리돔이 몰려들었는데, 그것은 제주의 명물이자 여름철의 횟감으로도 으뜸이었다.

"영차, 자리돔 가져왔소! 어서들 와서 보시오!"

때마침 한 늙은 어부가 테우[1]를 포구에 댄 채, 자리돔이 가득 든 바구니를 힘겹게 뭍으로 옮기며 소리쳤다. 만덕은 다행이다 싶어 얼른 노인에게 다가가 바구니 한쪽을 들어주며 자연스럽게 흥정을 시작했다.

"어르신! 왜 이리 늦으셨어요. 벌써 파장이에요."

"응? 벌써 파장이여? 아무튼 사람은 나이를 먹으면 죽어야 돼. 힘이 들어서 노를 저을 수가 있어야 말이지."

"무슨 말씀이세요. 오래 사셔야죠. 이 자리돔은 제가 몽땅 사들일 테니 너무 걱정 마세요."

그러자 노인은 주름진 얼굴이 쫙 펴지도록 환하게 웃으며 말했다.

"그래, 파장이라는데 싸게 넘겨버려야지. 늙은이가 너무 욕심을 부려도 보기에 안 좋아."

"고맙습니다요, 어르신."

이렇게 해서 만덕은 비교적 싼값에 자리돔을 넘겨받아 지게에 짊어지고 제주성을 향해 걸음을 재촉했다. 오일장의 날짜를 잊어버려 물건을 조금 늦게 구입하긴 했지만, 오늘은 왠지 장사가 잘될

---

1) 테를 뜻하는 제주 방언. 테는 나무나 대나무 따위의 일정한 토막을 엮어 물에 띄워서 타고 다니는 것을 말한다. 10여 개의 통나무를 엮고 그 위에 평상을 마련하여 타고 다니며 고기를 잡았다. 평상은 파도를 피하기 위한 시설이었다.

것만 같았다.

　오일장은 닷새에 한 번 열리는 장으로 서로 날짜를 달리하여 번 갈아 열렸기 때문에, 제주 지역 전체로 보면 매일같이 장이 서는 셈이었다. 18세기 중엽에 이르면 오일장이 전국적으로 확산되었는 데, 제주에서도 역시 제주목을 비롯하여 대정현, 정의현 세 고을 가운데 좀 크다는 마을에서는 모두 오일장이 열렸던 듯하다. 특히 근대에 찍은 사진자료에 의하면 제주목에서는 제주성 동문 밖의 시장, 이른바 동문시장이 가장 크고 유명했다. 평소 이곳에는 거상 들이 운영하는 몇 개의 상설 점포밖에 없었지만, 오일장이 열리는 날이면 인근의 주민들이 몰려들어 그야말로 북새통을 이루었다.

　《임원경제지(林園經濟志)》나 《택리지(擇里志)》 등에 기록이 없 다는 점을 들어, 조선 후기 제주에는 오일장이 없었다고 주장하는 이들도 있다. 하지만 당시 제주는 인구가 많고 상업이 발달한 지역 으로, 축산물·수산물·수공예품·약재류 등이 강진이나 해남을 통해 활발히 육지로 반출되었다. 또한 1910년 조선총독부에서 발 간한 《한국수산지(韓國水産志)》 3집에 의하면, 당시 제주 전역에는 무려 15개의 오일장이 열리고 있었다고 하니 오일장이 없었다는 주장은 설득력이 떨어진다고 할 수 있다.

　한편 조선시대 오일장의 모습은 19세기 후반 네 차례에 걸쳐 한 국을 현지답사하고 기록한 영국인 비숍 여사의 《한국과 그 이웃나 라들》에 잘 나타나 있다. 다음은 황해도 봉산의 오일장 모습을 사 실적으로 묘사한 부분인데, 그중 일부를 살펴보기로 하자.

　평상시 답답하던 마을들은 장날에 일변한다. 떠들썩해지고, 울긋

불긋해지고, 사람들의 물결로 뒤덮이는 것이다. 이른 아침부터 공식적으로 지정된 장터로 가는 길은 농부들이 팔거나 물물교환할 물건들로 가득 찬다. 예컨대 우리에 넣은 닭·돼지·짚신·밀짚모자·나무숟가락 등을 메고 지고 간다. (중략) 몇몇 사람들은 노점 진열대를 세워서 비단·모시·허리끈·신발·호박 단추·비단 실타래·조그만 거울·담배쌈지·색경 등을 판다. 그러나 많은 양의 필수품과 사치품들은 대부분 낮은 탁자나 땅 위에 놓인 돗자리 위에 전시되는데, 상인은 시설물을 설치하기 전에 집주인에게 얼마간 돈을 치른다. (중략) 거래는 매우 더디게 이루어지고, 모여든 사람들도 몇 시간씩이나 그들 사이에 서 있는 얌전한 황소처럼 대개 조용했다. 오후 늦게 행상들은 짐을 꾸렸고, 다음 장터에 들르기 위해 출발했다.

과거 제주 사람들도 식생활에 필요한 어염(魚鹽)과 농산물, 의생활에 필요한 면포와 마포, 기타 농기구와 살림도구 등을 구입해야 했다. 또 보리나 조 같은 농산물, 미역·전복·갈치·고등어 같은 수산물, 말·소·돼지·닭 같은 축산물을 팔아 돈을 마련해야 했다. 물론 당시 오일장에서 가장 널리 유통된 것은 곡물과 면화였다. 그 이외에 땔감이나 신발, 등화용 기름도 중요한 출하품들이었다.

하늘이 정해준 사람

이윽고 만덕은 자리돔을 짊어지고 오일장이 열리는 동문시장에 들어섰다. 멀리 관덕정을 중심으로 길 양쪽에 가옥과 상점이 죽 늘어서 있고, 그 앞에서 물건을 파는 사람과 사려는 사람, 구경하는 사람이 한데 뒤섞여 아수라장을 방불케 했다. 1905년 일본인 이치카와 상키〔市川三喜〕가 제주를 기행하고 쓴 글에 의하면, 본디 동문으로 들어가는 길은 폭이 9척(尺) 정도로 제주의 일등 도로였으며, 길 양쪽에는 가옥이 즐비했다고 한다.

만덕은 인파를 헤집고 들어가 사람들의 왕래가 잦은 골목 어귀에 간신히 자리를 잡았다. 그러고는 지게를 세우고 바구니를 내려 막 어물을 팔기 시작하려는데, 옆에서 누군가가 어깨를 툭 치며 넉살 좋게 아는 체를 했다.

"어이, 이게 누구신가! 저 화북객주의 주인장이 아니신가."

하지만 만덕은 그가 누군지 잘 기억이 나지 않아 고개를 갸우뚱거리며 조심스럽게 물었다.

"그, 그런데 누구신지?"

"날 모르다니요. 천하의 태평한 남자, 천태남! 지난번 주인장의 객주에 소금을 사러 갔던 사람이외다."

"아, 그 소금장수!"

만덕은 그제야 그가 누군지 알아보고 활짝 웃으며 인사를 했다. 그러자 천태남은 하던 장사를 아예 내팽개치고 만덕 곁에 주저앉아 지난번 일에 대해 묻기 시작했다.

"주인장의 아우는 잘 있습니까? 그때 많이 다친 것 같던데요."

"예, 다행히 크게 다치지는 않아서 그 뒤로 곧장 일어났답니다."

"저기, 언년이도 잘 지내죠? 자주 들른다고 해놓고서는 한 번 가보지도 못했네요. 먹고 살기에 바빠서 그만……."

천태남은 이렇게 말하고는 부끄러운지 얼굴을 살짝 붉혔다.

▲ 관덕정(觀德亭) 한국사진박물관 소장
– 세종 30년에 병사들의 훈련장으로 사용하기 위해 세웠다.

▼ 제주 민가
– 근대에 찍은 사진으로 제주의 민가를 잘 보여준다.

"여전하죠, 뭐. 틈나면 언제든지 찾아오세요."

바로 그때, 지나가던 한 아낙네가 소금 더미 앞에 멈춰 서서 큰소리로 주인을 찾았다.

"여기 주인 없소? 소금 안 팔아요?"

"예, 예. 여기 있습니다."

천태남이 소금을 팔러 돌아가자 만덕도 본격적으로 장사를 하기 시작했다.

"자, 방금 잡아온 싱싱한 자리(돔)를 엄청 싸게 팝니다! 와서 구경들 해보세요!"

얼마 안 있어 한 중년 여자가 다가와 자리돔을 유심히 바라보더니 먼저 가격부터 물었다.

"그거 얼마요?"

"한 대접에 달랑 4푼입죠. 아마 제주 오일장에서 가장 쌀 겁니다. 거 탁주 한 사발도 2푼씩이나 받잖아요."

그럼에도 중년 여자는 전대를 열지 않고 자리돔을 이리저리 살펴보며 물었다.

"싱싱하기는 해요?"

"그럼요. 방금 바다에서 잡아온걸요. 자, 이것 보세요."

만덕이 자리돔 1마리를 들어 올려 자세히 보여주니, 중년 여자는 그제야 바지 속에서 전대를 꺼내며 말했다.

"좋소! 한 대접만 주시구려."

만덕은 자리돔을 대접에 수북이 담아주고, 덤으로 몇 마리를 더 얹어주었다.

"아이고, 젊은 여자가 손도 참 크네! 오늘 장사 잘되겠수다."

"네, 다음에 또 오세요."

중년 여자의 말이 과연 틀리지 않았는지, 그 후로 손님들이 끊임없이 몰려들어 만덕을 둘러싸고 너도나도 자리돔을 달라고 했다. 심지어는 서로 먼저 왔다고 다투는 사람까지 있었다.

"내가 먼저 왔어."

"무슨 소리야. 난 아까부터 와서 기다리고 있었는데."

마침내 자리돔을 거의 다 팔고 밑바닥에 떨이만 남겨두고 있는데, 골목 맞은편의 잡화점 앞에서 귀에 익은 여자의 목소리가 들려왔다. 잡화점은 평소에도 늘 문을 열지만, 특히 장날에는 상점 밖 처마 밑에 상품을 진열하거나 노점을 열었다.

"어머, 이 가체²⁾ 좀 봐! 머릿결도 곱고 모양도 잘 빠졌다."

그녀는 바로 이즈음 제주에서 가장 잘 나간다는 기녀 애랑으로 이전에 있었던 목사의 수청을 들 정도로 미모가 빼어났고, 가무에도 뛰어났다. 하지만 만덕이 관기 노릇을 할 때 서로 경쟁관계에 있었기 때문에 둘 사이는 그리 좋지 못했다.

애랑이는 가체를 자기 머리에 빙 둘러 보이며 함께 있는 나이든 남자에게 사달라고 아양을 떨었다.

"어때요? 나한테 딱 맞죠? 이거 나 사주면 안 돼요?"

"어울리기는 하는데……. 가체가 원래 좀 비싸잖아."

"에이, 쩨쩨하시기는! 천하의 거상 부목한 어른께서 이까짓 가체

---

2) 가체 혹은 다리는 양반가 여성들의 머리를 높이 올리는 데 사용되는 일종의 머리 장식품으로 매우 비싼 물건이었다. 그래서 영조는 '사족의 부녀자가 가체를 쓰는 것을 일절 금하고 족두리로 대체하게 하라'고 가체 금지령을 내리기도 했다. 한데 특이하게도 가체는 제주의 진상품 중 하나였다. 《광해군일기》 14년(1622) 2월 9일조에 의하면, 제주목에서 관기의 두발을 잘라 진상했다고 기록되어 있다.

하나 갖고 뭘 그러세요."

"좋다! 기분이다. 너 갖다 써라."

부목한은 이렇게 말하고서는 돈도 지불하지 않고 애랑이를 데리고 가려 했다. 그러자 잡화점 주인이 안에서 달려나오며 크게 소리쳤다.

"어, 어르신! 가체 값도 내지 않고 그냥 가면 어떡합니까?"

하지만 부목한은 아무 일도 아니라는 듯이 도리어 그에게 호통을 쳤다.

"이놈아! 그까짓 가체 하나 갖고 뭘 그러느냐? 좀 이따가 우리 점포에 가서 강여일한테 달라고 해라."

"지난번에도 그랬다가 강여일이 자기는 모르는 일이라고 딱 잡아뗐습니다요. 그러니 오늘은 돈을 내고 가져가시든지, 아니면 도로 내려놓고 가십시오."

"뭣이라고! 천하의 거상 부목한을 뭣으로 보고 이 자식이!"

부목한은 당장 잡화점으로 들어가 진열된 물건들을 마구 짓밟기 시작했다.

'저런 불한당 같은 놈! 남의 물건을 함부로 빼앗고, 그것도 모자라 장사까지 망치려 들다니. 저런 인간이 어떻게 제주 최고의 거상이라고 떠들고 다닌다는 말인가.'

아까부터 계속 부목한을 지켜보고 있던 만덕이 마치 다짐이라도 하듯 혼자서 말했다.

"네 이놈! 어디 두고 보자. 내 기필코 큰돈을 벌어 네놈의 콧대를 꺾어주리라."

그런데 어떻게 알았는지 애랑이가 큰소리로 만덕의 이름을 부르며 이쪽으로 건너왔다.

"만덕아! 너 만덕이 맞지?"

그녀는 만덕이 어물장사를 하는 모습을 보고 갑자기 코를 막는 시늉을 하며 호들갑을 떨었다.

"어휴, 비린내! 네가 이게 무슨 꼴이니? 제주의 명기 만덕이가 장바닥에서 어물장사라니. 이럴 바엔 차라리 관기 노릇이나 계속 하지, 뭐하러 그만두었니?"

"이게 뭐 어때서? 싱싱한 자리가 떨이만 남았는데, 네가 사가지 않을래?"

만덕이 태연하게 앉아서 자리돔을 내밀자, 애랑이는 손을 내저으며 한 발짝 뒤로 물러나 말했다.

"아, 아냐. 싫어! 하고많은 장사 중에 왜 하필 냄새 풀풀 나는 어물장수니? 차라리 아낙네들이 쓰는 장신구나 화장품을 팔면, 보기에도 깨끗하고 돈도 훨씬 많이 벌 텐데."

"그거야 네가 상관할 바 아니잖아!"

만덕은 애랑이의 동정하는 듯한 말투에 기분이 상했는지 퉁명스럽게 대답했다.

그런데 엎친 데 덮친 격이랄까. 애랑이와 한바탕 실랑이를 벌이고 나자, 이번에는 부목한이 다가와 빈정거리는 어투로 말했다.

"옳아, 네년이 바로 만덕이었구나! 지난번에 객주를 차려놓고 난전을 벌이다 혼쭐이 났다고 하던데, 이젠 좀 정신을 차렸느냐?"

"……"

"이년아! 큰 장사는 아무나 하는 게 아니란다. 모름지기 송충이는 솔잎만 먹고 살아야지."

만덕은 끝까지 입을 다물고 대꾸하지 않으려 했지만, 화가 머리

▲ 시장 가는 길 이형록, 〈설중향시(雪中向市)〉,《풍속도》, 국립중앙박물관 소장
- 행상들이 물건을 등에 지거나 말에 싣고 시장으로 가고 있다.

▶ 테우 한국사진박물관 소장
- 과거 제주 어부들이 주로 사용했다는 테우의 모습이다.

◀ 오일장 《제주도제 실시 59년 기념 화보집》
- 제주성 동문 밖에서 열리는 근대 제주 오일장의 모습이다. 멀리 관덕정이 보인다.

끝까지 치밀어 올라 자신도 모르게 입을 열고 말았다.

"그렇지요, 큰 장사는 아무나 하는 게 아니라 하늘이 정해준 사람만이 할 수 있지요. 그래, 누가 정말 하늘이 정해준 사람인지 어디 한번 두고 볼까요?"

"뭐라고! 이년이 아직도 정신을 못 차렸구나. 하룻강아지 범 무서운 줄 모르고선."

부목한은 아까 잡화점에서처럼 버럭 화를 내며 만덕 앞에 놓인 바구니를 사정없이 걷어찼다. 자리돔 몇 마리가 사방으로 날아가자 분노한 만덕이 두 팔을 걷어붙이고 일어나서 말했다.

"이게 얼마어치인데. 당장 물어내지 못하겠소!"

"못 주겠다면. 한번 해볼 테냐!"

부목한은 들고 있던 빈 담뱃대를 분지르더니 앞으로 달려들어 만덕에게까지 발길질을 하려 했다. 바로 그때였다. 등 뒤에서 누군가가 달려들어 부목한의 양팔을 붙잡고는 점잖게 만류를 하는 것이었다.

"어허, 이 무슨 추태이십니까? 천하의 거상 부목한 어른이 장바닥에서 일개 아녀자와 다투다니요."

"누, 누구냐! 이거 놓지 못할까!"

"애랑이 남편 김한태올시다. 조용히 물러가신다면 놓아드리겠습니다."

"김한태? 아, 알았으니 이것 좀 냉큼 놓아라."

김한태는 제주목의 군노로 애랑이의 뒷배를 봐주는 기둥서방이자 만덕의 먼 친척이기도 했다. 지난날 만덕이 관기 노릇을 할 때만 해도 관아에서 그를 자주 보았으나 그 이후로는 한동안 보지 못했던 터였다.

"기둥서방 주제에 꼬박꼬박 남편이라니. 네놈도 언젠가는 나한테 호되게 당할 때가 있을 것이다."

부목한은 억지로 분을 삼키며 애랑이를 데리고 어디론가 떠나갔다.

부목한이 눈앞에서 사라지자, 만덕이 반가운 얼굴로 김한태에게 다가가 인사를 했다.

"오라버니! 참말로 오랜만이오."

"그래, 오래간만이로구나. 어디 다친 데는 없느냐?"

"예, 덕분에요."

김한태는 우선 만덕에게 부목한의 전후사정을 간단히 들려주었다.

"저놈이 관리들과 내통하고 매점매석과 전횡으로 폭리를 취하더니만, 마음이 더욱 교만해져 갈수록 행패를 부리고 사치를 일삼고 있단다. 이젠 애랑이도 아예 첩으로 들이려 하고 있지."

그러고는 만덕의 얼굴을 빤히 쳐다보며 다시 물었다.

"한데 너는 큰돈을 벌어 거상이 되겠다면서, 왜 여기서 이런 물건을 팔고 있느냐?"

"그럼 어디서 무슨 물건을 팔아요? 제주 상권은 전부 다 저들의 차지인데."

"쯧쯧, 너의 과거 경험과 인맥을 잘 살려야지."

"그게 무슨 말인데요?"

순간 김한태는 뭔가 떠오르는 것이 있는지 갑자기 만덕의 손목을 잡더니 어디론가 데려가려 했다.

"나랑 갈 데가 있다. 어서 가자."

제2부 거상의 탄생

"아직 자리를 다 팔지도 않았는데요, 오라버니."

만덕이 바구니에 든 자리돔을 쳐다보며 말하자, 김한태는 그것을 낚아채서 지나가는 아낙네에게 통째로 줘버렸다. 그러고는 다시 만덕의 손목을 붙잡고 애랑이가 가체를 사려 했던 길 건너편의 잡화점으로 데려갔다.

"이봐! 장사 잘되나?"

"형님도 참. 말도 마시오. 만날 파리만 날리는 터에 부목한까지 나타나서 훼방을 놓으니, 원."

"아낙네들이 쓰는 물건을 너같이 우락부락한 놈이 팔고 있으니 장사가 잘될 턱이 있나. 내일부터는 이 여자에게 물건을 대주고, 너는 뒷짐 지고 지켜보기만 해라."

그제야 만덕은 무슨 영문인지 알아차리고 김한태의 손을 뿌리치며 말했다.

"오라버니, 그만두세요! 제주는 가난한 고을인데, 이렇게 비싼 물건을 누가 사겠소?"

"누가 사긴? 제주에도 양반가 여인네와 교방 기녀들이 얼마나 많은데. 게다가 제주 사람들은 벌 때는 악착같이 벌더라도 쓸 때는 과감하게 쓰잖아."

"그렇긴 하지만……"

"잔말 말고, 당장 내일부터 여기서 물건을 떼어다가 네 요령껏 돌아다니며 팔아봐라. 얼마 안 있어 천 냥 부자가 될 게다."

"아, 알겠소."

만덕은 별로 마음에 내키지 않았지만 김한태가 워낙 강하게 권하는 바람에 억지로 대답을 하고 잡화점을 나왔다.

18세기 장시

　18세기 이후 농업 생산력이 증대되고, 수공업의 민영화 및 전업화가 가능해지면서 화폐의 유통이 농촌 지역에까지 급속히 확대되었다. 이런 변화들은 장시의 전국적인 발달을 가져왔는데, 이는 당시의 사회경제적 발전과 밀접하게 관련된 것이었다. 즉 상인들의 활동으로 육지의 교통로 및 강하천과 바다의 통상로들이 개척되고, 그 거점들이 상업도시로 성장하면서 각지에 분산되어 있던 지방 장시들 간의 연계가 강화되었던 것이다.

　18세기 말 우리나라 전 지역에서는 천여 개의 장시가 열렸다. 광주의 송파장, 은진의 강경장, 덕원의 원산장, 창원의 마산포장 등이 대표적인 장시로, 이들이 전국적인 규모의 장시망을 형성하면서 국내 시장은 유례없이 확대되었다. 이런 과정 속에서 각 지방의 지역적, 자연경제적 폐쇄성이 무너지고 전국적인 범위의 상품유통망이 확립되어갔다. 장도리를 하면서 상품을 사고파는 수천수만의 보부상들이 전국 각지에 퍼져 있었고, 비교적 큰 규모로 행상이나 점포를 하는 유력 상인들은 서로 긴밀한 연계를 가지고 여러 도시들에서 활약했다.

　각 장시에서 나오는 특산물은 객주나 상인들에 의해 전국 각지로 흘러 들어갔다. 즉 개성의 인삼을 경상도 어느 마을에서 맛보는 일이 그리 어렵지 않게 된 것이다. 각 지방에서는 그 지역 특유의 산물을 생산, 가공, 판매하기 위한 묘안들이 나왔고, 이는 지방 장시의 분업화와 전문화를 가져왔다. 당시 장시에서 유통되던 상품들은 서유구의 《임원십륙지》에 잘 나타나 있는데, 홍희유의 《조선상업사》에 힘입어 아래와 같이 분류해보았다.

대분류	소분류	상품
수공업 제품	금속 제품	솥, 가마, 농기구
	섬유 제품	무명, 삼베, 모시, 명주, 면화, 누에고치, 무명실, 삼실
	나무 및 대 제품	목기, 나무절구, 나무소반, 나막신, 버들상자, 버들소쿠리, 버들그릇, 담뱃대, 접부채, 둥들부채, 송판, 나무판자, 참 빗, 얼레빗
	각종 자리류	왕골자리, 집자리, 삿자리, 부들자리, 돗자리, 단석, 채석, 세석
	관류(쓰개)	총건(聰巾), 채건(彩巾), 탕건, 갓, 망건, 패랭이, 대갓, 갓모
	석제품	숫돌, 다듬잇돌, 벼룻돌, 맷돌
	사기 및 토기 그릇	옹기, 사기, 오지그릇
	종이류	지물, 종이(창호지, 백지 등)
	신발류	갓신(가죽신), 짚신, 미투리(삼신)
알곡 및 공예작물		쌀, 콩, 보리, 밀, 피, 기장, 조, 메밀, 참깨, 들깨, 피마주, 동백기름, 담배, 유자, 치자, 잣, 비자
채과류		홍시, 감, 곶감, 대추, 배, 호두, 석류, 생강, 배추, 산채, 파, 마늘, 무, 참외, 수박, 감자, 송이버섯, 석이버섯, 과고(菓古)
수산물	어류 및 조개류	준치, 황석어, 민어, 유어(鱬魚), 독미어(禿尾魚), 밴댕이, 꺽정이, 청어, 우럭, 갈치, 은어, 모래무지, 북어, 우질어(牛叱魚), 모어(毛魚), 전어, 병어, 잉어, 미어기, 대구어, 방어, 광어, 문어, 낙지, 팔초어(오징어의 일종), 복어, 오징어, 자라, 생전복, 마른 전복, 해삼, 게, 새우, 곤쟁이, 조개, 대합
	해초류	다시마, 미역, 김, 파래
축산물		소, 말, 돼지, 닭, 거위, 오리, 개
약재류		산사, 녹용, 활석, 오미자, 자단향, 석류황, 황정(黃精), 질경이, 지황, 천궁, 택사, 향수, 목향, 향부자, 연뿌리, 창출, 약삼(藥芠)
피물류		삵가죽, 호피, 녹피, 웅피, 장피, 서피
기타		꿀, 엿, 누룩, 술, 갈근

본래 조선 정부에서는 상업을 국가 차원에서 통제 및 독점하기 위해 장시의 개설을 억제하는 입장이었다. 그러나 농민들의 잉여 물자가 늘고 그것의 유통이 활발해지는 한편, 몰락한 농민들이 장시로 몰려들었기 때문에 무조건 금지할 수만도 없었다. 양란 이후 정부의 통제가 느슨해지면서 각지에 산재해 있던 장시들은 전국적인 유통망을 형성하며 저마다 독특한 양상으로 발전해갔다. 장시는 사람이 가장 많이 모이는 곳으로 물화유통뿐만 아니라, 정보를 교환하거나 왕이 내리는 윤음이나 성지, 국가의 시책 등을 홍보하는 장소로도 기능하여 후에는 정부도 이를 적극 활용하게 되었다.

타고난 장사꾼

인재를 알아보는 눈

만덕은 지게를 지고 터덜터덜 걸어서 집으로 돌아왔다. 당장 내일부터 아녀자들의 물건을 파는 방물장수로 나서겠다고 대답했는데 여전히 마음속에 확신이 서지 않았다.

'휴, 내가 괜한 말을 했나?'

가슴이 답답해진 만덕은 긴 한숨을 내쉬고 고개를 들어 하늘을 쳐다보았다. 저녁 해가 서쪽 하늘을 붉게 물들이고 있는 모습이 자신의 처량함을 더해줄 뿐이었다.

"너, 분명히 말했어! 내가 이기면 넌 내 종이 되는 거다!"

마을길로 접어들어 포구 쪽으로 내려가니 동네 어귀에 청년들과 아이들이 빙 둘러서 있었다. 그 속에서 만재의 커다란 목소리가 들려왔다. 오늘도 술을 먹고 누군가와 내기를 벌이는 모양이었다. 만덕은 천천히 그곳으로 다가가 한 사내아이를 붙잡고 물었다.

"얘야! 무슨 일이니?"

"낯선 사람이 우리 동네에 와서 등돌[1]을 깔고 앉았어요. 그래서 만재 형이 등돌 들기를 해서 이긴 사람이 진 사람을 종으로 부리기로 한 거예요."

"아니, 그러다가 지면 어쩌려고……."

"홍! 만재 형이 지긴 왜 져요? 힘이 얼마나 센데."

만덕은 사내아이의 말을 믿고 일단 지켜보기로 했다. 그 사내는 만재와 같은 또래로 겉보기에는 어수룩한 듯했지만, 어딘지 모르게 힘도 세고 요령도 있어 보였다.

"퉤퉤! 잘 봐라, 이놈아. 등돌은 이렇게 드는 거란다."

만재가 먼저 손바닥에 침을 뱉으며 나아가 등돌 앞에 섰다. 그러고는 짧게 호흡을 가다듬은 뒤 양발을 조금 벌리고 팔에 힘을 주어 '끙' 하고 들어 올렸다. 하지만 무릎까지 겨우 들어 올리고는 힘에 부치는지 그냥 제자리에 내려놓았다.

"엇, 오늘따라 이놈의 등돌이 왜 이렇게 안 들리지? 낮술을 먹어서 그런가?"

만재는 이상하다는 듯 고개를 갸웃거리며 뒤로 물러났다.

"허허허! 힘이 고작 그것뿐이더냐."

사내는 제법 호탕하게 웃으며 앞으로 나아갔다. 그러고는 만재와 달리 등돌을 가뿐히 들어 올려 일단 가슴에 안은 다음, 몇 발자국

---

1) 등돌이란 제주에서 마을 청년들이 힘을 겨루기 위해 들어 올리던 돌을 말하는데, 만일 길을 지나던 사람이 등돌을 깔고 앉으면 그 마을 청년들을 깔본 것으로 여겨 혼쭐을 내주곤 했다.

걸어가 길 옆의 채소밭으로 휙 집어던졌다. 등돌은 '쿵' 소리를 내며 나가떨어졌고, 그 자리를 보니 흙이 움푹 파여 있었다.

"와, 정말 힘세다!"

마을 청년들은 어안이 벙벙하여 입을 다물 줄 몰랐고, 만덕도 입에서 절로 찬사가 흘러나왔다.

"역시 내 말이 맞았어. 겉보기와는 완전히 다른 사람이야."

사내는 흐뭇한 표정으로 돌아와 만재를 보고 씩 웃으며 말했다.

"내가 이겼다! 이제부터 넌 내 종이다!"

"히히, 장난삼아 해본 걸 가지고 뭘 그러실까."

만재는 이렇게 말하며 슬금슬금 뒤로 물러나더니 갑자기 집을 향해 줄행랑을 쳤다.

"이봐, 어디 가는 거야? 돌아와!"

만덕이 뒤쫓아 집으로 들어가 보니 만재는 마루에 벌러덩 드러누워 숨을 고르고 있었다.

"헉헉! 휴우."

지게를 창고에 들여놓고 나오던 만덕이 그것을 보고 한심하다는 듯이 말했다.

"못난 놈! 사내자식이 약속을 했으면 지켜야지."

그 소리에 만재가 벌떡 일어나 앉으면서 큰소리로 물었다.

"누님, 그게 무슨 소리요?"

"나도 다 봤어, 이놈아. 내기에서 졌으면 약속대로 종이 될 것이지 비겁하게 꽁무니를 빼느냐."

"누님도 참. 별걸 다 보고 참견이네."

만덕이 동생에게 한참 핀잔을 주고 있는데, 아까 그 사내가 대문

▲ 잡화상
- 점포 앞에 온갖 물건을 펼쳐놓고 파는 잡화상이
다. 비록 근대에 찍은 사진이지만 조선시대의 잡화
상을 유추해볼 수 있다.

▶ 등돌
- 제주민속자연사박물관에 있는 등돌이다. 제주 청
년들은 이러한 등돌을 들어 서로 힘을 겨루곤 했다.

▼ 교방(敎坊)
- 기녀들에게 악기와 춤, 노래를 가르치는 근대 교
방의 모습이다.

안으로 들어와 만재를 보고 씩 웃으며 말했다.

"어이, 어딜 도망가! 내 종이 되어야지!"

"아따 그 자식 참말로 끈질기네. 그냥 빈말을 한 것뿐이니 그만 돌아가시지."

하지만 사내는 돌아갈 생각을 않고 계속 마당에 버티고 서 있었다. 그래서 어쩔 수 없다고 여긴 만덕이 그를 안으로 불러들여 조용히 물었다.

"보통 고집이 아니구려. 이름이 어떻게 되오?"

사내는 초면이라 부끄러워서 그런지 땅바닥을 쳐다보며 짤막하고 무뚝뚝하게 대답했다.

"문명이외다."

"문명? 성은 없소?"

"성은 알아서 뭣하게? 고씬지, 양씬지 어떻게 되겠지 뭐."

"어디서 살고 있소? 부모님은 계시고?"

"아무데서나. 부모님은 어렸을 때 돌아가셨고, 그 뒤로는 혼자서 여기저기 떠돌며 살았지요. 남의 집 머슴도 살고 날품팔이도 하면서."

그 말에 만덕은 왠지 모르게 동질감을 느꼈고, 자꾸만 그에게 눈길이 갔다.

"그럼, 제주 사정 하나는 누구보다 잘 알겠구려?"

"섬 안에서 일어나는 일들이야 모두 이 손바닥 안에 있다고 할 수 있죠, 허허."

사내는 웃는 얼굴로 손바닥을 펴 보이며 자랑스럽게 대답했다.

"한데 여긴 무슨 일로 왔소?"

"요새 포구에 일이 많다 해서 하역이나 해주며 먹고 살까 싶어 발길 따라 흘러들어 왔습죠." [2]

"그럼 어디 가지 말고 우리 집에 있도록 하오. 지금은 내가 비록 행상을 하고 있지만, 머잖아 돈을 모으면 배를 구해 큰 장사를 벌일 것이오. 그때는 일이 많을 테니 나를 좀 도와주시구려."

"밥 먹여주고 잠만 재워준다면 여부가 있겠습니까."

그런데 가만히 앉아서 두 사람의 얘기를 듣고 있던 만재가 갑자기 자리를 박차고 일어나 큰소리로 반발했다.

"무슨 소리요, 누님! 그렇잖아도 먹고 살 길이 막막한데 새 식구를 들이다니."

"너무 걱정 말아라. 내가 어떻게든 알아서 할 테니까. 이야기를 좀 나눠보니 이 사내도 자기 몫은 충분히 할 사람 같다."

"누님이 알아서 하다니! 지금도 어물장사로 근근이 먹고 사는 주제에."

"걱정하지 말라니깐. 내일부터는 어물장사를 그만두고 방물장수로 나서기로 했다. 그리고 너나 잘해라, 이놈아! 만날 술만 먹지 말고. 하다못해 포구에 나가서 하역이라도 해주면 하루 품삯쯤은 받을 수 있잖아."

"그럼 뭐해? 어차피 하루살이 인생인걸."

"시끄러워! 이 녀석아."

만덕은 더 이상 말해봐야 소용없음을 알고 큰소리로 만재의 기를

---

2) 조선 후기에는 농민층의 분화로 빈농과 부농의 양극화 현상이 발생했는데, 많은 농민들이 농촌에서 이탈하여 장시나 포구를 전전하며 품팔이나 걸식을 하며 살아갔다. 특히 당시 제주에는 날품팔이가 무척 많았다.

꺾어버린 뒤, 부엌에 대고 언년이를 찾았다.

"언년아, 저녁밥 다 됐니?"

"네, 언니. 차리기만 하면 돼요."

"그럼 어서 밥 먹자. 새 식구도 시장하겠다."

만덕은 뒤로 돌아 문명을 보고 다시 말했다.

"어서 씻고 들어오구려. 우리랑 같이 먹고 치웁시다. 나도 내일 행상을 나가려면 일찍 먹고 자야 한다오."

미래를 위한 준비

다음 날 아침, 만덕은 약속대로 동문 밖에 있는 어제의 그 잡화점을 찾아갔다. 오일장이 끝나서 그런지 몇몇 상점만이 문을 열었을 뿐 장터는 한산하기 그지없었다.

"왔소? 어제 같아서는 오지 않을 것 같더니."

만덕이 잡화점으로 들어가 우두커니 서 있으니, 주인이 안채에서 나오며 먼저 아는 체를 했다.

"예, 오라버니가 하도 권해서……."

"그래, 첫날인데 오늘은 어디로 장사를 나가려오?"

"기녀들을 가르치는 교방으로 한번 나가볼까 해요. 예전에 제가 일했던 곳이라 아는 사람도 있고 해서요."

"아, 한때 관기였다고 했지. 그럼 물건은 필요한 만큼 알아서 가져가구려."

"돈은요?"

"돈이야 뭐 언제든지 주면 되지 않겠소. 그냥 물건 다 팔고 와서 주시구려."

"고맙습니다, 아저씨."

만덕은 우선 상점 안에 진열되어 있는 물건을 죽 훑어보았다. 각종 빗을 비롯해서 비녀·가체·댕기·귀고리·가락지·노리개·머릿기름·백분·바늘·가위·경대 등 아낙네의 장신구와 화장품이 모두 다 갖춰져 있었다. 만덕은 관기 시절을 떠올리며 기녀들한테 필요한 것들을 하나씩 골라 보자기에 담았다.

"이것도 필요할 텐데."

만덕이 한창 물건을 골라 담고 있는데, 주인이 뭔가를 보자기에 던져주며 말했다.

"이게 뭔데요?"

"사향주머니라오. 몸에 차고 있으면 향기가 은은하게 퍼져서 사람의 코를 자극하지. 중국에서 들여와 값이 비싸기는 하지만 요즘 기녀들 사이에서는 없어서 못 팔 지경이라오."

"호호호, 요새 기녀들은 별걸 다 찾는구면."

이내 만덕은 보따리를 챙겨 성안에 있는 교방을 찾아갔다.[3]

"부목한한테 가서 기녀들은 이미 준비가 다 되었다고 전하여라."

"예, 이방 어른."

만덕이 보따리를 들고 교방 앞에 도착하니, 이방이 그곳에서 나오며 한 사령에게 심부름을 시키고 있었다. 만덕은 고개를 옆으로 돌리고 몰래 교방으로 들어가려 했다. 한데 눈치 빠른 이방이 금방

---

3) 《남사록》에 의하면, 17세기 초까지만 해도 교방은 제주성 남문 안에 있었다고 한다.

알아보고는 큰소리로 말했다.

"어라! 만덕이 아니냐?"

"예, 이방 어른. 오랜만에 뵙사옵니다."

만덕은 깜짝 놀라 재빨리 보따리를 뒤로 감추고 어쩔 수 없이 인사를 했다.

"네가 여긴 웬일이냐?"

"그냥 좀 누굴 만날 일이 있어서……."

"부목한 때문에 객주를 못하고 행상을 다닌다더니만, 혹시 이곳에 물건을 팔러 온 것 아니냐? 관아에서 장사를 했다가 들키는 날에는 어떻게 되는 줄 알고 있겠지?"

"예, 예. 잘 알고 있고말고요."

"한데 등 뒤에 숨긴 건 뭐냐? 어디 좀 보자!"

이방이 가까이 다가와 손을 뻗어 보따리를 낚아채려 했다. 그러자 만덕이 얼른 뒤로 물러나며 애교 섞인 목소리로 말했다.

"아이, 이방 어른도! 어째 아녀자의 짐을 뒤지려 하십니까?"

그러고는 전대에서 돈 몇 푼을 꺼내 이방의 손에 쥐어주며 다시 말했다.

"점심때가 다 되었는데, 어디 가서 뜨끈한 국밥이나 한 그릇 사 드세요."

한평생 눈치로 살아온 이방은 그제야 웃는 얼굴을 하며 사령들을 데리고 관아로 돌아갔다.

"허허, 고집불통에다 돈밖에 모르는 네가 이럴 때도 다 있구나. 알았다! 내 오늘만은 모른 척해주마. 어서 들어가 봐라."

"고맙습니다, 이방 어른."

만덕이 재치로 이방을 따돌리고 교방 안으로 들어가니, 20명가량의 관기들이 뜰 여기저기에 앉거나 서서 악기와 춤, 노래 등을 부지런히 연습하고 있었다.

"덩더쿵 덩덩!"

"얼씨구나, 잘한다!"

만덕은 우선 처마 밑에 앉아 있는 행수기녀에게 다가가 공손히 인사를 했다.

"언니, 그간 별고 없었소?"

"아니, 이게 누구야! 만덕이 아니냐!"

"네, 아침부터 모두 모여 연습하는 걸 보니 머잖아 관아 잔치가 있나 봐요?"

"응, 며칠 후에 부목한과 동문시장의 거상들이 신관 사또를 모시고 우연당에서 큰 잔치를 베푼단다. 그래서 방금 전에 이방이 와서 기녀들의 잔치 준비를 점검하고 갔어."

행수기녀는 다시 눈을 살짝 흘기며 만덕에게 물었다.

"그건 그렇고, 이런 몹쓸 것아! 아무리 바쁘더라도 기별 한 번 보낼 틈이 없더냐. 소문을 들으니 부목한 때문에 객주도 못하게 되었다면서?"

"예, 그래서 요즘 배를 구할 돈을 벌려고 날마다 이를 악물고 행상을 다니고 있어요."

"배는 왜?"

"배를 구해 육지와 직거래를 하려고요. 그럼 부목한도 더 이상 저를 어찌지 못하겠지요."

만덕은 보따리를 든 손에 힘을 주며 결의에 찬 얼굴로 대답했다.

"한데 오늘은 무슨 일로 여길 다 찾아왔느냐?"

"사실은 물건을 좀 팔려고……. 죄송해요, 언니."

"그럴 줄 알았다. 교방에서는 장사를 하면 안 되는데, 만덕이 너니까 특별히 허락한다. 어서 보따리를 펼쳐봐라."

"고마워요."

행수기녀는 다시 뜰에 있는 관기들을 향해 말했다.

"얘들아! 조금 쉬었다 하자. 이 언니는 예전에 여기서 살았던 만덕이란다. 마침 오늘 좋은 물건을 가져왔다고 하니, 어서 와서 구경들 해라."

기녀들은 그 지방의 최상위 계층인 관리나 토호들을 상대했기 때문에 어쩔 수 없이 몸치장에 신경을 써야 했다. 그리고 경쟁에서 밀려나지 않고 살아남기 위해서라도 최신 유행하는 장신구나 화장품을 끊임없이 사들여야 했다.

"언니, 머릿기름 있어요?"

"나는 분이 떨어져서 새로 하나 사야 하는데."

머잖아 관아 잔치가 있어서인지, 기녀들은 우르르 몰려들어 자신에게 필요한 물건을 몇 개씩 집어 들었다. 그런데 한 기녀가 물건들을 이리저리 뒤척이며 뭔가를 열심히 찾았다.

"으응, 그건 없나 보네."

"뭘 찾는데?"

"사향주머니요. 사향주머니 있어요?"

"아, 그 중국에서 들여온 것. 여기 어디에 있을 텐데."

만덕은 잡화점 주인이 마지막에 던져준 사향주머니를 찾아 그들 앞에 내놓았다. 그러자 기녀들이 일시에 달려들어 서로 사겠다고 야단을 떨었다.

"내가 먼저 달라고 했어!"

"나도 사려고 했단 말이야!"

보다 못한 행수기녀가 들고 있던 담뱃대로 그들의 머리를 한 대씩 통통 때리며 물었다.

"예끼, 이년들아! 대체 그게 뭐기에 서로 싸우고 야단이냐?"

"사향주머니요. 이것만 몸에 차고 있으면 어떤 남정네라도 혹하지 않을 수가 없거든요."

"뭐라고? 하여간 요년들 노는 꼬락서니하곤."

행수기녀는 망측하다는 듯 얼굴을 찌푸리며 다시 한 번 그들의 머리를 통통 때려주었다.

이날 만덕은 가지고 간 물건을 교방 한 군데에서 거의 다 팔아치웠다. 게다가 어물장사를 할 때처럼 남들보다 더 싸게 팔고, 돈이 없다면 외상도 주고 하니 기녀들이 아주 좋아하면서 하나 살 것을 2개씩 사가곤 했다. 과연 김한태의 말처럼 얼마 안 있어 천 냥 부자가 될 수 있을 성싶었다.

현재로서는 만덕의 독특한 장사 수완에 대해 정확히 알 길이 없다. 다만 앞에서 말했던 것처럼 시세에 따라 물가의 높낮이를 잘 짐작하여 사고팔기를 계속했다는 채제공의 기록과, 또 갖가지 물건을 벌여놓고 짧은 시간 내에 사고팔기를 거듭했던 당시 여상인들의 장사법을 통해 간접적으로나마 유추해볼 수 있을 뿐이다.

제주 관기의 세력

관기(官妓)란 국가에 소속된 기녀로, 기녀들 중에서 그들만이 기안에 기록되었다. 《탐라지》에 의하면, 제주 관기는 관비 중에서도 용모와 재주가 뛰어난 자를 뽑아서 매우 정밀하게 골랐다고 한다. 19세기 중반에 작성된 《탐라영사례(耽羅營事例)》를 보면 조선시대 제주목에는 관기가 32명, 관비가 17명이 있었다고 기록되어 있다. 또한 관기는 침기(針妓), 다기(茶妓), 색장기(色掌妓) 등으로 구분되어 있었다.

이익태의 《지영록(知瀛錄)》에 따르면, 제주 관기는 아래와 같이 세력이 매우 강했다고 한다. 박찬식 선생의 논문을 토대로 그 기록을 살펴보기로 하자.

제주에는 관노비의 수가 많다. 그들은 모두 기안에 들어간다. 다만 지치고 용렬한 관비는 관아의 역에 나누어 세우는데, 오래도록 번(番)을 서는 것은 매우 힘든 일이다. 관기는 목사의 수청을 드는 것 이외에도 삼읍의 수령 및 교수, 아객(衙客), 군관, 삼학(三學)의 수청을 들기도 한다. 이들의 첩이 되어 역을 면제받고 한가하게 노는 관기들은 그 중에서도 빼어난 이들이었다. 관아에는 침장기(針匠妓)가 10여 명 있고 나머지는 교방기(敎坊妓)라고 하는데, 다모(茶母)와 잡역을 돌아가며 한다. 모두 다 관비이나 사역이 고르지 않아 공적인 일로 헤아려보면 불공평하기가 이루 말할 수 없다.

데리고 있는 관기들에 대해 이야기해보자면, 총애하는 것을 믿고 건방지게 구는데다가 그 세력 또한 굉장하여 누구도 감히 건드리지 못한다. 향소(鄕所) 이하에서는 아주 하찮은 일이라도 뇌물을 주지 않으면 안 되는 것으로 알고 있다. 그래서 간혹 정령(政令)에도 폐를 끼침이 있어서, 세상에서 이르기를 '제주기의 권세가 무섭다는 것은 거짓말이 아니다'라고 한다. 나는 이를 따끔하게 혁파하고 싶어서 기적에 들어 있는 관기 가운데 우매한 기예색(技藝色)과 나쁜 짓을 한 자 7~8명을 강등시켜 시중꾼으로 정하였다. 그리고 군관과 삼학의 방에 있는 관기는 기의 역을 돌아가며 맡도록 해서 사환의 처지에서 할 일을 균등하게 하도록 했다.

그 밖에 《남사록》에 의하면 제주 기녀도 평안도 기녀처럼 좀 넉넉한 자는 누구나 비단옷을 입고 비단치마를 끌고 다녔다고 한다.

육지와의 직거래

배를 구하다

아낙네의 물건을 판매하면서 만덕은 꽤 많은 돈을 벌었다. 여자들의 장신구나 화장품은 당시로서는 고가의 제품이라 어물보다 이문이 훨씬 많이 남았고, 또 만덕 특유의 장사 수완인 박리다매, 곧 이익을 좀 적게 보더라도 많이 팔고 보는 전략이 맞아떨어졌기 때문이다.

"오늘은 웬일로 비싼 물건들만 챙기시오?"

여느 때처럼 만덕이 장사를 나가기 위해 비단, 종이, 비둘기 비녀 등을 보자기에 담고 있는데, 잡화점 주인이 다가와 넌지시 물었다.

"대촌[1]으로 장사를 나가려고요. 그곳에는 부유한 양반들이 많이 살잖아요."

"역시 댁은 타고난 장사꾼이오. 돈 있는 곳을 귀신같이 찾아내거든."

---

1) 《탐라지》에 의하면, 당시 사람들은 제주성 안을 대촌(大村)이라 불렀다고 한다.

"호호, 별말씀을……."

두 사람이 한창 얘기를 나누고 있을 즈음, 김한태가 만덕의 이름을 부르며 불쑥 잡화점으로 들어왔다.

"만덕아! 장사 나갈 준비하는구나."

"예, 오라버니. 여긴 어쩐 일이세요?"

"응, 지나가다가 점포 안에 네가 있기에 들어와 봤다. 그건 그렇고, 요새 네가 돈을 많이 번다고 온 제주에 소문이 쫙 났더라."

"오라버니도 참! 그럼 뭐해요? 여태까지 배 1척도 구하지 못했는데."

만덕은 이렇게 대답한 뒤 '휴' 하고 긴 한숨을 내쉬었다.

"배라니? 제주와 육지를 오가는 큰 배 말이냐?"

"예, 그것만 있으면 객주를 다시 시작할 수 있을 텐데……."

'음. 큰 배라, 큰 배.'

김한태는 고개를 끄덕이며 혼자서 중얼거리더니, 이내 만덕의 얼굴을 바라보며 물었다.

"내가 아는 선주(船主)가 지금 배를 놀리고 있는데, 어디 한번 가볼 테냐?"

"저야 물론 당장이라도 가보고 싶지만, 아직은 돈이 좀 부족해서……."

그 말에 잡화점 주인이 만덕을 보고 인심 좋게 웃으면서 말했다.

"일단 한번 가보구려! 그동안 내게 맡겨둔 돈도 꽤 되잖소. 그리고 만약 부족하면 내가 좀 빌려주겠소. 여태까지 우리 점포에서 일했는데, 그 정도도 못해주면 장사꾼의 도리가 아니지."

"저, 정말요? 고맙습니다, 아저씨!"

"별소리를 다하는구려. 어서 가보시오."

만덕이 김한태를 따라 포구로 내려가니 공물선과 상선, 고기잡이배 등 많은 배들이 정박해 있었다. 또 바닷가 한쪽에 제법 커다란 배가 보였는데, 그 앞에서 선주인 듯한 사람이 솥에 불을 지펴 나무막대를 삶고 있었다.

"이봐! 웬 나무를 다 삶고 있나?"

"응, 한태 오나? 배를 수리하려고 나무못을 만들고 있어."

전통적인 제주 배는 쇠못을 사용하지 않고 나무못을 썼다. 배에 쇠못을 쓰면 금방 녹이 슬기 때문이다. 나무못은 일단 썩은 오줌에 삶았다가 다시 맹물에 삶아서 만들었다고 한다.

"배를 수리해서 뭐하려고? 다시 부목한 밑에서 일할 셈인가? 얼마 전에 싸우고 완전히 갈라섰잖아."

김한태의 말에 선주가 발끈 성을 내며 큰소리로 말했다.

"부목한! 내 앞에서 그자의 이름도 꺼내지 말게. 쥐꼬리만 한 뱃삯을 주면서, 그것도 모자라 걸핏하면 돈을 떼어먹고 주질 않으니……. 내 평생 소원이 그 자식 망하는 꼴을 보고 죽는 것이라네."

"허허, 그 사람 심보 하나 고약하구먼! 아무리 그래도 배 타고 바다를 건너다니는 사람이 그런 악담을 하면 쓰나."

"남의 속 모르는 소리 하들랑 말라고. 내가 오죽했으면 이러겠는가."

"하긴, 사실 나도 그렇다네. 한데 앞으로 정말 어떡할 셈인가?"

"어떡하긴 뭘 어떡해? 새로 물주를 구해봐야지. 설마 제주에서 부목한보다 더한 사람이 있으려고."

그러자 김한태가 은근슬쩍 만덕을 앞으로 내세우며 선주에게 물었다.

"이 사람은 어떤가? 예전에 객주를 하려다가 부목한 때문에 못했는데, 이번에 다시 배를 구해 시작하려고 한다네."

하지만 선주는 만덕의 얼굴을 빤히 쳐다보면서 거의 비웃는 듯한 어투로 말했다.

"흥! 아녀자가 객주는 무슨 객주요? 배를 세낼 돈이라도 있소?"

그 소리에 만덕은 기분이 몹시 상했는지 버릇처럼 두 소매를 걷어붙이고 선주에게 다가가 말했다.

"아니, 이거 말이 너무 심하잖소! 아낙네는 객주를 하지 말란 법이 어디 있으며, 또 돈이 있으니까 배를 세내겠다고 하는 거 아니겠소."

"허허! 보기보단 성깔이 있군. 어쨌든 세금도 내야 하니 뱃삯을 정확히, 그것도 선불로 줘야 하오. 그렇지 않으면 나는 절대로 함께 일할 수 없소."

"주면 될 거 아닙니까! 없으면 남한테 빌려서라도 주리다."

급기야 두 사람이 말다툼까지 벌이려 하니, 김한태가 중간에서 가로막고 그들을 번갈아 쳐다보며 호통을 쳤다.

"대체 왜들 이러는 게야! 둘 다 일하고 싶지 않은가 보지? 이럴 바엔 차라리 일찌감치 관두라고!"

그 말에 위기감을 느꼈는지 선주가 아까와는 달리 호의적인 태도를 보이며 만덕에게 물었다.

"정말 뱃삯을 정확히 줄 수 있겠소?"

"그야 여부가 있겠습니까."

"좋소! 어서 가서 뱃삯을 마련해오시오. 오늘 당장 계약합시다."

"아, 알겠소이다."

▲ 돛단배
- 1902년 영국인 베드윌이 찍은 사진으로, 조선시대 돛단배의 모습을 유추해볼 수 있다.

▼ 항해 정선, 〈장범도해(張帆渡海)〉, 국립중앙박물관 소장
- 긴 돛을 펼치고 파도를 가르며 바닷길을 가는 모습이다. 키를 잡은 채 걱정스레 돛을 쳐다보는 사공의 표정이 매우 인상적이다.

만덕은 곧장 잡화점으로 달려가 그동안 주인한테 맡겨둔 돈을 전부 찾았다. 다행히 뱃삯은 충분히 주고도 남을 만했다. 그래서 포구로 되돌아가 우선 1년 동안만 배를 세내기로 계약한 뒤, 언제든지 출항할 수 있도록 배를 단단히 준비해두라고 했다.

사람을 모으고 시장을 살피다

'드디어 배를 구했다! 육지와 직거래를 할 수 있는 배를 구한 게야!'

계약을 마친 만덕은 몹시 기뻐하며 한걸음에 집까지 달려가 동생 만재를 찾았다.

"만재야! 만재야! 얼른 나와보아라."

그러자 문명과 함께 일을 마치고 돌아와 바깥채에 드러누워 있던 만재가 매우 귀찮다는 듯이 얼굴을 찌푸리며 밖으로 나왔다. 이즈음 만재도 나이를 먹으면서 철이 드는지 술을 적게 마시고, 날마다 문명과 함께 포구에 나가 하역을 해주고 품삯을 받아왔다.

"누님도 참. 힘들어 죽겠는데 왜 불러요?"

"만재야! 객주를 다시 하게 되었다."

"뜬금없이 그게 무슨 소리요?"

"배를 구했단 말이다. 방금 내가 선주와 만나서 계약까지 하고 왔어."

"저, 정말이오? 돈은 대체 어디서 구했소?"

"그동안 모아둔 돈으로 우선 배부터 구했다. 허나 물건을 사들이

려면 앞으로 빚도 좀 얻어야겠지. 어서 안채로 올라가자! 할 일이 태산 같다. 문명도 같이 올라가자고."

세 사람은 만덕의 거처인 안방으로 들어가 나란히 마주보고 앉았다.

"누님, 앞으로 어떡할 셈이오?"

"우선 배를 타고 육지에 가서 물건을 직접 사와야겠지. 전라도가 그나마 물산이 싸고 풍부하니까 해남이나 강진, 영암, 나주 등지로 가서 물건을 들여오도록 하자."

"한데 부목한이 가만히 있을까요? 지난번처럼 난전을 벌인다고 하면서 육지에서 사들인 물건을 헐값에 빼앗아가면 어째요?"

만재가 걱정스러운 얼굴로 물으니, 만덕이 콧방귀를 뀌면서 다부진 목소리로 대답했다.

"흥! 걱정할 거 하나도 없다. 그놈이 자기 입으로 분명히 말하지 않더냐. 우리가 산지에 가서 직접 물건을 사다가 팔면 제주 밖의 일이니 상관없다고 말이다."

그 말에 가만히 앉아서 듣고만 있던 문명이 입을 열어 한마디 덧붙였다.

"우리가 육지에 가서 직접 물건을 사들이면, 저들은 도리어 물건을 구하지 못해 난리가 날 겁니다."

"아마 그럴 테지."

이윽고 만덕은 두 사람에게 당장 해야 할 일부터 차례대로 일러 주었다.

"만재야! 너는 내일 아침에 일어나자마자 나가서 배에서 일할 격군들을 모아오너라. 적어도 14~15명은 모아야 할 게다."[2]

"그야 어렵지 않지만, 누가 격군들을 통솔합니까?"

"당연히 네가 해야. 앞으로 너는 격군들을 데리고 제주와 육지를 오가며 물건을 교역하도록 해라."

그러자 만재가 믿기지 않는다는 듯이 되물으며 매우 좋아했다.

"저, 정말이오? 와, 이제야 나도 아버지처럼 장사를 할 수 있게 되었구나!"

만덕은 다시 문명을 보고 말했다.

"문명! 그대는 내일 제주성에 가서 어떤 물건이 싼지 비싼지를 알아보고, 그중에서 어떤 것들을 사들여야 할지 내게 말해주시오. 마침 내일이 오일장이니 자세히 알 수 있을 거외다."

"예, 알겠습니다."

다음 날 아침, 두 사람은 일찌감치 밥을 먹고 각자 맡은 일을 하러 나갔다. 만재는 인근의 안면 있는 자들을 찾아다니며 격군을 모집하고, 문명은 오일장에 나가서 물건의 시세를 알아왔다. 이윽고 만재의 보고가 끝난 뒤, 문명이 앞으로 나와 만덕에게 말했다.

"수확철이라 그런지 곡물은 조와 콩의 값이 대체로 쌌습니다. 허나 올해 작황이 그리 좋지 못해서 내년 봄에는 어찌될지 장담할 수 없겠던데요."

"소금이나 면화 같은 것들은 어떠했소?"

"예, 소금과 면화는 부목한 일당이 독점하고 있어선지 여전히 가격이 꽤 높았습니다."

"음, 알겠소."

---

2) 물건을 운반하는 배는 보통 사공 1명과 기타 잡일을 하는 격군 15명으로 이루어져 있었다.

고개를 끄덕이며 대답하던 만덕이 만재를 불러 신중한 얼굴로 지시했다.

"만재야! 육지에 가거든 우선 풍년이 든 지역을 찾아가 쌀이든 잡곡이든 되도록 많이 사오너라."

그러자 만재가 눈을 크게 뜨고 의아한 표정으로 물었다.

"누님! 지금은 수확철이라 곡물 가격이 가장 헐할 때인데, 왜 하필 곡물을 사오라 하시오?"

"그러니까 더더욱 곡물을 사들여야지. 수확기에 사들여 창고에 저장했다가 내년 봄에 값이 오를 때를 기다려 팔아야지 조금이라도 이문이 남지 않겠느냐. 모름지기 장사란 별다른 묘수가 있는 게 아니다. 그저 값이 헐할 때 사들였다가 비쌀 때 파는 것뿐이란다."

"한마디로 시세차익을 노리겠다는 얘기군요?"

"응, 그렇지."

만덕이 신중한 얼굴로 만재에게 다시 지시했다.

"소금과 면화도 될 수 있으면 넉넉히 사오너라."

"그건 또 왜요?"

"소금과 면화는 제주에서 아주 긴요한 물건이다. 한데 부목한 일당이 독점하고 있으니, 우리가 직접 사들여 조금만 싸게 팔면 행상들이 서로 사려고 몰려들 게다."

"우리 누님은 타고난 장사꾼이라니깐! 돈은 이렇게 버는 거라고."

앞에서 보았듯이 제주는 바닷가가 모두 암초와 여울이라서 소금이 많이 나지 않았다. 게다가 전통적인 소금 제조법은 바닷물을 직접 끓이거나 짠물을 솥에 넣고 달여서 만드는 것이었는데, 무쇠가 나지 않는 제주에서는 가마솥을 갖지 못한 집이 많아 소금이 매우 귀할 수밖에 없었다. 당시에도 소금은 식생활에 필수적인 재화였는데 양치질을 비롯해 된장과 간장, 김장, 절임 등에 다양하게 쓰였다. 그러니 제주 사람들은 전라도에서 소금을 사다가 쓰는 수밖에 없었다.

면화 역시 제주에서는 많이 나지 않았는데, 그 이유는 《남사록》에 잘 나타나 있다.

지금은 대정현에서 목화를 심는데 꽃이 달린 것이 육지와 같지 않아 밭 주인이 겨우 옷과 실을 만들어 쓸 뿐입니다. 삼베가 나기는 하지만 방적하기에 적당하지 않습니다. 대개 토질이 척박하기 때문이요, 또한 지방민들이 예부터 양잠을 좋아하지 않아 몸에 걸치는 물건들을 모두 육지에서 토산품인 해물과 바꿔오기 때문입니다.

"대저 물건이란 때를 놓치지 않고 사들여야 하는 법이다. 그러니 바람이 맞으면 하루라도 빨리 배를 타고 전라도로 떠나거라."

"예, 누님. 알겠습니다."

만덕은 제주에서 나는 물건도 때맞춰 사들일 생각이었다. 그래서 만재를 떠나보낸 뒤 문명을 불러 돈을 내주며 말했다.

"문명! 이걸 가지고 섬 전체를 돌아다니며 싸고 좋은 물건을 사오도록 하구려."

"예? 대체 저더러 뭘 사오란 말입니까?"

제주 사정이야 누구보다 훤히 알고 있었으나 장사는 난생 처음이었던 문명은 잠시 어찌할 줄 모르고 주춤거렸다.

"걱정 말고, 당신 재량껏 사오도록 해요. 가만 보니 당신은 요령이 많은 것 같던데. 아무래도 미역이나 전복, 말총, 귤, 약재같이 제주의 특산물을 많이 사오면 좋겠지."

"그것들을 다 어떻게 하려고요?"

"차근차근 사 모았다가 값이 오르면 육지에 내다 팔 생각이오. 육지 물건을 사들이는 것도 좋지만, 제주 물건도 육지에 내다 팔아야 하지 않겠소. 그래야 한 푼이라도 돈을 더 벌 수 있지."

"음, 그렇겠군요. 알겠습니다. 곧 준비하고 떠나겠습니다."

첫 출항

조선시대 제주 사람들은 주로 나주나 강진, 해남 등지에 가서 교역을 했다. 우선 나주는 당시 전라도에서 가장 큰 고을의 하나로, 《동국여지승람》에 의하면 그 영역이 매우 넓고 인구가 번성한 데다 바다에 인접해 있고 벼가 많이 생산되어 사방으로부터 상인과 나그네들이 분주하게 모여들었다고 한다.

강진은 제주와 전라도를 잇는 교통의 요지로서 제주에서 생산되는 갓, 미역, 어물 등과 육지에서 생산되는 곡식 및 생활필수품이 거래되는 무역의 거점이었다. 당시 강진의 탐진(耽津)에는 추자도의 상선들을 비롯한 각지의 상선들이 자주 드나들었는데, 다산 정약용은 〈탐진어가(耽津漁歌)〉라는 시에서 그 모습을 이렇게 노래했다.

楸洲船到賴洲淹 추자도 장삿배가 고뢰도에 매였다네.

滿載耽羅竹帽簷 제주도 갓양태를 가득 싣고 매였구나.

縱道錢多能善賈 돈 많고 물건 많아 장사 시세 좋을세라.

해남도 역시 제주와 전라도를 잇는 교통의 요지였는데, 주로 관청의 물목으로 많이 이용되었다. 제주의 진상마도 해남의 관두량을 통해 한양으로 옮겨갔으며, 추사 김정희 등 수많은 귀양객들도 그곳에서 제주로 들어갔다.

한편 전라도에서 제주로 들어가려면 나주나 강진, 해남 등에서 출발해 일단 추자도에 정박했는데, 세 곳 모두에서 사흘 밤낮이면 도착할 수 있었다. 그런 다음 제주 앞바다의 화도(관탈도)를 지나 조천이나 화북, 애월포구로 들어갔다. 추자도에서 제주까지는 보통 바람이 좋으면 하루 안에 들어갈 수 있었다고 한다.

전라도에 갔던 만재가 돌아올 무렵이었다. 갑자기 남쪽으로부터 태풍이 올라와 거센 비바람이 휘몰아쳤다.

'앗! 첫 출항부터 태풍을 만나다니……'

만덕은 어릴 적 아버지의 조난사건을 떠올리며 밤새도록 잠을 이루지 못하고 마루 끝에 서서 바다만 내다보았다. 보다 못한 언년이가 밖으로 나와 만덕의 옷자락을 이끌며 말했다.

"언니, 너무 걱정하지 말고 방으로 들어가세요. 이러다가 몸이라도 상하면 어쩌려고 그러세요."

하지만 만덕은 꿈쩍도 하지 않은 채 계속 바다를 내다보며 혼잣말처럼 말했다.

"저렇게 파도가 높고 거센데 우리 만재는 과연 무사할까?"

"그럼요, 벌써 태풍이 올 줄 알고 추자도 같은 데로 피신했을 거예요. 만재가 얼마나 바다 날씨에 밝은데."

"그랬으면 오죽 좋을까만. 휴, 역시 제주에서 장사하기란 쉬운 일이 아니야. 괜히 객주를 다시 시작했나 봐."

"참, 언니도. 벌써부터 마음이 약해지면 어떡해요. 앞으로 부목한을 물리치고 제주 최고의 거상이 되어야 할 사람이……."

"글쎄다, 내가 정말 그럴 수 있을까?"

"그럼요, 두고 보세요. 머잖아 큰돈을 벌기 시작할 테니깐."

이튿날 새벽, 다행히 태풍은 동북쪽으로 빠르게 밀려가고 파도도 언제 그랬냐는 듯이 잠잠해졌다. 그리고 이날 오후 만재도 짐을 가득 실은 배를 타고 무사히 화북포구로 돌아왔다.

"언니! 빨리 나와보세요. 배가 들어오고 있대요."

언년이의 외침에 만덕이 재빨리 방문을 열고 나왔다.

"그게 정말이니? 어서 포구로 가자."

만덕이 언년이와 함께 포구로 내려가니, 이날따라 유난히 많은 행상들이 몰려와 배가 들어오기를 기다리고 있었다. 그중 지게를 진 한 행상이 만덕을 보고 웃는 얼굴로 다가와 아는 체를 했다.

"주인장 이제 나오십니까. 저기 만재의 배가 들어오고 있습니다."

"아니, 소금장수 아니세요? 여긴 어쩐 일이세요?"

"예, 천하의 태평한 남자 천태남입니다. 주인장께서 육지 물건을 직접 들여와 싸게 판다기에 저희들이 부리나케 달려왔습니다."

천태남이 계속 만덕에게만 아는 체를 하자, 언년이가 토라진 얼굴로 만덕의 옷소매를 이끌며 말했다.

"언니! 저쪽으로 가요. 저런 신의 없는 남정네와는 두 번 다시 거래하지 마세요."

그러자 천태남이 껄껄껄 웃으면서 언년이에게 다가가 얼굴을 바짝 들이대고 말했다.

"어이쿠! 며칠 찾아오지 않았다고 우리 언년이가 단단히 삐졌구

나. 내가 돈이 없어 지게를 지고 다니다보니, 한번 행상을 나가면 며칠씩 걸린단다. 하다못해 저들처럼 조랑말만 갖고 있어도 하루가 멀다 하고 우리 언년이를 찾아올 수 있을 텐데."

"흥! 그까짓 조랑말, 내 당장 사줄 거구먼."

"저, 정말로? 역시 우리 언년이밖에 없다니깐. 하하하."

허리를 뒤로 제치고 한바탕 큰소리로 웃던 천태남이 갑자기 생각난 것이 있는지 만덕을 돌아보며 다시 물었다.

"근데 주인장! 만재는 언제 혼인시킬 겁니까? 혼인할 시기가 벌써 지난 것 같은데."

"글쎄요."

만덕은 여태까지 돈 버는 데만 신경을 썼지 동생의 혼사 문제는 전혀 생각하지 못했기 때문에 뭐라고 할 말이 없었다.

"글쎄라뇨? 남들이 만재를 두고 얼마나 말이 많은데요. 나이 먹은 총각이 아직도 혼인하지 않았다고 말입니다. 이제 객주도 다시 시작했으니, 어서 빨리 짝을 찾아 혼인을 시키세요."

"예, 정말 그래야겠네요. 고마워요."

"고맙긴요. 저도 그 틈에 살짝 장가를……."

천태남은 이렇게 말하고는 쑥스러운지 '헤헤' 하고 웃으며 뒷머리를 긁적거렸다.

상인의 마음가짐

얼마 후 만재의 배가 포구로 들어서자 행상들이 우르르 몰려가

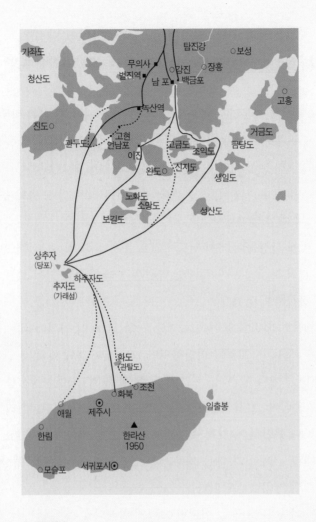

▲ 제주 뱃길
- 조선시대 전라도와 제주를 오가던 뱃길이다.

서로 물건을 팔라고 난리를 쳤다.

"이보게, 만재! 급히 소금 3섬만 사고 싶은데 어떻게 안 되겠나?"

"난 면화를 하루라도 빨리 구해야 하는데, 제발 사정 좀 봐주게."

만재는 갑작스럽게 사람들이 몰려들자 어리둥절한지 손을 내저으며 말했다.

"아, 난 모르는 일이오! 물건을 사고파는 건 우리 누님의 소관이니, 거기 가서 알아보시오."

그 말에 행상들이 다시 만덕에게로 몰려가 허리를 굽실거리며 물건을 팔라고 사정했다. 하지만 만덕은 전혀 흔들림 없이 그들 앞에서서 침착하게 말했다.

"여러분! 이번에 들여온 물건은 당장 팔 것이 아니라 내년 봄에나 팔 것입니다. 그러니 미안하지만 그냥 돌아가 주세요."

"내년 봄에나 팔다니요? 그럼 우린 뭘 가지고 겨울 장사를 합니까? 곡물이야 그렇다 치더라도, 당장 필요한 소금이나 면화라도 조금씩 나눠주십시오. 그렇지 않으면 우린 모두 굶어죽습니다요."

이제 곧 겨울이라 배를 띄우기가 쉽지 않았기 때문에, 행상들은 거의 막무가내로 매달렸다.

"휴, 어쩔 수 없군요. 이번만 그렇게 합시다."

만덕은 예전에 토착 상인들의 횡포로 큰 어려움을 겪었을 뿐 아니라, 어물장수나 방물장수도 직접 해보았기 때문에 행상들의 어려움을 잘 알고 있었다. 그래서 하는 수 없이 곡물을 제외하고 소금과 면화 등을 약간의 이문을 남기고 그 자리에서 넘기도록 허락했다.

"역시 만덕 객주가 최고야. 물건도 좋고 값도 싸고 말이야."

"허허, 이 사람아! 그래도 직접 산지에 가서 물건을 들여와 파니, 이문은 저 부목한보다 훨씬 많이 남을걸. 두고 보라고! 머잖아 만덕이 부목한을 제치고 제주 최고의 거상이 될 테니까."

행상들은 이구동성으로 만덕의 상술(商術)을 치하하며 물건을 가지고 섬 곳곳으로 장사를 하러 떠났다.

조선시대의 돛단배와 그 항해 모습

조선시대의 대표적 운송수단인 돛단배와 그 항해 모습은 어떠했을까? 그에 대해서는 19세기 후반 한국을 방문했던 영국인 비숍 여사의 《한국과 그 이웃나라들》에서 비교적 자세히 엿볼 수 있는데, 해당 부분을 옮겨보면 다음과 같다.

큰 돛대가 둘 있는데, 그것들은 배의 바닥에 있는 목재 사이에 쐐기가 박혀 있는 채로 고정되어 있다. 돛대는 주의를 기울여서 자주 지켜보아야 한다. 그것들은 항상 기울어져 있어서 자칫하면 배가 전복될 우려가 있기 때문이다.

돛에 쓰이는 천은 투박한 직물로 만든 것이다. 이는 비스듬히 움직이는 대나무들로 지탱되고 있으며, 그 각각에는 밧줄이 묶여 있다. 이들은 아딧줄로 비로소 하나의 돛이 된다. 이 아딧줄에 의해서만 돛은 기능할 수 있다.

항해는 가벼운 순풍이 불 때 이루어진다. 바람이 강해질 때마다 돌돌 말아 묶어 놓은 천과 대나무의 결합(돛)은 요란하게 밑으로 펼쳐진다.

노를 젓는 과정 또한 무시할 수 없는 항해의 요건이다. 한 부류는 배의 고물에서, 다른 부류는 선체의 중심부를 따라 위치하는 비스듬한 선폭에 매여 있는 밧줄걸이로 노를 젓는다. 노를 젓는 위치는 배의 양쪽 측면에서 약 1.2m로 할당되어 있다.

배에는 엄청난 크기의 키가 있는데, 이 키는 그 위치로부터 배의 용골판으로서 기능한다. 배의 가격은 60~80달러 정도이다. 이 독특한 배는 바람이 불 때는 매우 잘 항해하나, 그 밖의 경우에는 대책이 없기 십상이다.

한편 당시에도 배를 한 번 띄우려면 여러 가지 준비가 필요했다. 먼저 바닷물은 짜서 마실 수가 없기 때문에 반드시 담수를 저장해가야 했다.《남사록》에 따르면, 보통 7개의 나무통에 담수를 채워갔는데 큰 통에는 대략 20여 동이가 들어가고, 작은 통에는 5~6동이가 들어갔다고 한다. 그 정도면 사흘 동안 쌀을 씻어 밥을 지을 수 있었다. 최부(崔溥)의《표해록(漂海錄)》에는 항해 시에 식수를 충분히 준비하는 일이 얼마나 중요한지가 생생히 드러나 있다.

  제주에서 출발할 때 뱃사람들이 지혜롭지 못해 식수를 거룻배에 실었는데, 폭풍 후에 서로 잃어버려 다시 찾지 못했다. 배 안에는 물 받을 그릇 하나 없어, 식수(빗물)를 받지 못해 밥을 지을 수가 없어서 먹지도 마시지도 못해 어떻게 할 수가 없었다. 이때 권송이 나에게 고했다. "뱃사람들을 보니 누군가가 황감(감귤)과 청주(淸酒)를 가지고 왔습니다. 제멋대로 먹으면 남는 게 없으니, 다 거두어 배 위의 창고에 보관하면 기갈을 면할 수 있을 것입니다."(중략) "이 감귤과 술 한 방울이야말로 천금과 같으니, 자네가 그것을 관리하되 함부로 쓰지 말고 기갈이 아주 심한 사람을 구할 수 있도록 하라."

  또한 배 위에서는 미리 준비해둔 땔감으로 불을 피워 밥을 지어 먹었는데, 장한철(張漢喆)의《표해록》을 보면 그 모습이 일부 묘사되어 있다. 그에 따르면, 배에서는 대체로 죽을 쑤는 것을 꺼렸고, 밥이 잘 되었느냐 못 되었느냐에 따라서 항해의 좋고 나쁨을 점치는 풍속이 있었다고 한다.

세상은 혼자 사는 게 아니야

깨끗한 회계장부

직거래를 실시한 뒤로, 만덕은 비로소 큰돈을 벌기 시작했다. 반면에 부목한을 비롯한 동문시장의 상인들은 손님이 눈에 띄게 줄었을 뿐 아니라, 만덕이 산지에까지 직접 가서 물건을 사들이는 바람에 판매할 물건조차 구하기 어려워졌다.

"어르신! 어르신! 안에 계십니까?"

"……"

강여일이 애랑의 기방을 찾아가 방문 앞에서 급히 부목한을 불렀으나, 안에서는 남녀의 노닥거리는 소리만 희미하게 들려올 뿐 별다른 반응이 없었다. 강여일은 다시 한 번 큰소리로 외쳤다.

"어르신! 문 좀 열어보십시오. 이러다간 머잖아 우리 점포만이 아니라, 동문시장의 상인들이 전부 다 문을 닫게 생겼습니다요."

그제야 부목한이 '쾅' 하고 문을 열어젖히고 성난 목소리로 물었다. 대낮에 무슨 짓을 했는지 부목한은 속바지만 대강 걸친 채였고, 애랑이는 그 너머에서 이불로 몸을 감싸고 있었다.

"이놈아! 대체 무슨 일이기에 예까지 찾아와 소란을 피우고 야단이냐?"

"만덕이가 기어코 다시 객주를 열었습니다요."

"그래 봐야 제까짓 년이 얼마나 버티겠느냐? 내버려두어라."

"아닙니다요. 그년이 육지에서 물건을 직접 들여와 헐값에 팔아넘기니, 제주 행상들이 전부 다 그리로만 몰려들고 있습니다. 또 중도에서 물건을 대량으로 매입하는 까닭에 우리는 더 이상 물건을 구하기도 어려운 실정입니다."

"뭐, 뭐라고! 내 이년을 그냥……!"

부목한이 크게 소리를 지르며 창가에 놓인 담뱃대를 집어 사정없이 부러뜨렸다.

"어르신! 이 일을 대체 어찌하면 좋겠습니까요? 뭐라고 말씀 좀 해보십시오."

강여일이 걱정스러운 얼굴로 해결책을 촉구하니, 부목한은 마음을 진정시키고 부러뜨린 담뱃대를 만지작거리며 곰곰이 생각에 잠겼다. 그러고는 강여일을 가까이로 불러 귀에 대고 뭔가를 속닥거리다가, 이내 다시 자세를 바로잡고 위엄을 갖추어 말했다.

"무슨 말인지 알겠느냐? 지금 즉시 이방을 찾아가 내 말을 그대로 전하여라."

"예, 그럼 만덕도 꼼짝없이 당할 것 같습니다요."

강여일은 음흉한 미소를 지으며 대답하고는 곧장 관아를 향해 달려갔다.

그로부터 며칠이 지난 뒤였다. 갑자기 이방이 군노와 사령 및 강여일을 데리고 만덕의 객주로 찾아와 호령했다.

"만덕이 있느냐! 당장 나와서 오라를 받아라!"

방안에 앉아 거래내역을 정리하고 있던 만덕이 그 소리에 깜짝 놀라 밖으로 나와 물었다.

"대체 무슨 일입니까? 이방 어른."

"탈세 혐의로 너를 잡아다 감옥에 가두라는 사또 나리의 분부이시다. 얼른 나와 순순히 오라를 받아라."

"뭐, 뭐라고요? 난 그런 적 없소."

"네 이년! 변명을 하려거든 사또 나리 앞에서나 해라."

그리고 나서 이방은 군노와 사령들에게 명령했다.

"뭣들 하는 게냐! 군노들은 빨리 저년을 묶어 감옥으로 끌고 가고, 사령들은 집안을 샅샅이 뒤져 회계장부를 모두 가져오너라."

"예, 이방 어른."

군노들이 만덕에게 오라를 씌워 막 끌고 가려 할 즈음, 바깥채에서 물건을 팔고 있던 문명이 소식을 듣고 급히 달려와 만덕의 앞을 가로막으며 말했다.

"어찌 된 일입니까? 관아에 끌려가다니요."

"마침 잘 왔구려. 만재는 어디 갔소?"

"예, 지금 배에서 물건을 운반하는 중입니다. 대체 무엇 때문에 관아에 끌려가는 겁니까?"

"글쎄, 내가 탈세를 했다고 사또께서 나를 잡아다 감옥에 가두라고 했다는구려."

"탈세요? 주인장처럼 정직한 사람이 탈세라니, 그건 말도 안 됩니다."

문명은 어이가 없다는 표정으로 이방을 향해 따지듯이 물었다.

"이방 어른! 뭔가 오해가 있는 거 아닙니까? 우리 주인장은 절대 탈세할 사람이 아닙니다."

"탈세를 했는지 안 했는지는 관아에 가서 회계장부를 들춰보면 금방 밝혀진다. 그러니 썩 물러서라, 이놈!"

"안 됩니다! 어찌 죄 없는 사람을 잡아다 감옥에 가둔다는 말입니까?"

문명이 길을 비키지 않고 계속 버티고 서 있자, 강여일이 불쑥 달려들어 그의 정강이를 사정없이 걷어차며 말했다.

"이 자식아! 저리 비키지 못하겠느냐? 도대체 네가 누구기에 저년을 감싸고 도는 것이냐?"

워낙 급작스럽게 걷어차인지라, 문명은 제대로 얻어맞고 앞으로 거꾸러졌다.

"으윽."

그것을 본 만덕이 분노하여 강여일을 큰소리로 나무랐다.

"이놈아! 넌 부목한의 졸개에 불과하거늘 왜 나서서 사람을 치고 야단이냐. 설마 또 네놈들이 수작을 부린 건 아니겠지?"

"뭐, 뭐라고? 이년이 정말!"

강여일이 더 이상 말하지 못하고 슬금슬금 뒤로 물러나자, 만덕은 스스로 앞장서서 관아를 향해 걸어가며 말했다.

"이방 어른, 어서 가시지요! 설마 사또께서 없는 죄를 만들기야 하겠습니까."

"그래, 이년아! 예전에 진 빚을 톡톡히 갚아주마."

이날 만덕은 성안에 있는 감옥에 갇혀 하룻밤을 지냈다. 그리고 다음 날 오전 또다시 포승줄에 묶여 동헌으로 끌려가니, 목사를 비롯한 육방관속과 오 좌수 등이 죄를 심문하기 위해 기다리고 있었다. 그런데 웬일인지 부목한도 뜰에서 사령들과 함께 서 있었다.

"사또, 탈세한 상인 만덕이옵니다!"

이방의 보고에 목사가 만덕의 얼굴을 뚫어지게 쳐다보며 호통을 쳤다.

"네 이년! 포구에 객주를 차려놓고 떼돈을 벌면서도 세금은 눈곱만큼밖에 내지 않는다지? 네가 탈세를 하고서도 과연 무사할 줄 알았느냐?"

"아니옵니다, 사또! 저는 세금을 꼬박꼬박 정직하게 관아에 납부했습니다."

"허허, 곤장을 맞아야 바른 말을 하려느냐. 네년이 세금을 제대로 안 냈기 때문에 물건을 싸게 팔 수 있었지, 그렇지 않고서야 어찌 그럴 수 있었겠느냐?"

"그건 오해입니다. 저는 늘 이익을 적게 보고 많이 판다는 생각으로 장사를 했습니다. 그래서 다른 상인들보다 물건을 싸게 팔았던 것입니다. 혹 의심나는 게 있거든 저희 객주의 회계장부를 한번 확인해보십시오."

"그래, 어디 두고 보자."

목사는 처마 밑에서 회계장부를 검토하고 있는 육방관속을 향해 물었다.

"여봐라! 분명 이년은 떼돈을 벌면서도 세금은 눈곱만큼밖에 안 냈겠지?"

허나 이방을 제외한 나머지 아전들이 이상하다는 듯 고개를 갸우

뚱거리며 대답했다.

"그, 그게 아무리 봐도 세금을 제대로 낸 것 같습니다요, 사또."

"뭐라고? 그럴 리가 있느냐. 분명 탈세를 했다고 하던데……."

목사가 할 말을 잃고 입을 다물자, 뜰에 서 있던 부목한이 한 발짝 앞으로 나와 큰소리로 아뢰었다.

"사또! 저년이 산지에서 물건을 닥치는 대로 매입하는 까닭에, 저희 상인은 물건을 구하지 못해 전부 다 폐업지경에 놓여 있습니다. 제주 상권을 어지럽힌 죄로 저년을 엄히 징치해주소서."

처음에 부목한은 '털어서 먼지 안 날 사람은 없다' 라는 생각으로 이방과 사또에게 부탁하여 무작정 만덕을 잡아 가둔 뒤 차차 죄를 심문하려고 했다. 한데 막상 그런 사실이 없다고 밝혀지자, 내심 당황하여 자신의 본색을 드러내지 않을 수 없었던 것이다.

부목한의 말에 만덕은 비로소 무슨 영문인지를 알아차리고 고개를 돌려 그에게 말했다.

"옳아! 이게 다 어르신이 꾸민 일이었군요. 지난번에는 난전을 벌인다 하면서 객주를 못하게 하더니, 이번에는 직거래를 빌미로 저를 감옥에 가두고 훼방을 놓으십니까?"

"뭐야, 이년아! 여기가 어디라고 주둥이를 함부로 놀리는 게냐!"

부목한이 눈을 부릅뜨고 큰소리로 제지해도, 만덕은 들은 체도 하지 않고 계속 말을 이었다.

"호호호! 허나 이를 어쩌죠? 그때 어르신께서 분명히 말했잖습니까. 산지에 가서 물건을 직접 사다가 팔면 전혀 문제가 없다고 말입니다. 게다가 이젠 제가 어르신보다 훨씬 많은 세금을 내고 있으니, 동문시장의 상인들이 특별세를 내고 유통권을 독점하는 것

세상은 혼자 사는 게 아니야

도 무용지물이 되고 말았지요. 제가 세금을 내지 않으면 제주 관아는 운영하기 힘들 테니까요."

만덕의 말이 끝나자 오 좌수가 앞으로 나와 허리를 굽히고 목사에게 공손히 아뢰었다.

"부목한과 동문시장의 거상들이 폐업상태에 이른 건 스스로 자초한 면도 큽니다. 저들은 여태까지 물건을 독점하여 폭리를 취해왔는데, 그러다 보니 제주 행상과 백성들이 자연히 등을 돌려버렸던 것입니다."

부목한이 갈수록 수세에 몰리자, 이방이 엉뚱하게도 만덕과 만재의 혼인문제를 들고 나와 그를 비호하고 나섰다.

"사또께 아뢰오. 본디 양민은 나이가 들면 반드시 혼인하여 가정을 이루도록 되어 있습니다. 하지만 만덕과 그의 아우 만재는 혼인할 시기가 이미 지났음에도 혼자 살면서 나라의 풍속을 어지럽히고 있습니다."

그 말에 목사가 또다시 만덕의 얼굴을 뚫어지게 쳐다보며 호통을 쳤다.

"고얀 놈들! 왜 여태까지 혼인하지 않았단 말이냐?"

"그, 그건 다른 뜻이 있는 게 아니옵고, 단지 장사하기에 바빠 혼기를 놓쳤을 뿐입니다. 저는 전직 관기인 데다가 혼기도 훌쩍 넘겨서 전혀 가망이 없을 듯합니다. 허나 동생 만재는 짝만 있으면 언제든지 혼인할 수 있을 터이니, 집에 돌아가는 즉시 매파를 불러혼인을 시키도록 하겠습니다."

이리하여 모든 오해가 풀리고 만덕도 순순히 나오자, 목사는 어쩔 수 없다는 듯 이방에게 이렇게 분부했다.

"이방은 들어라! 지금 곧 만덕을 풀어주고 집으로 돌려보내라. 다만 저년이 동생의 혼인을 제대로 시키는지 끝까지 지켜보도록 하여라."

"예이."

조선시대의 대상인들은 따로 집사나 마름을 두어 회계장부를 쓰도록 했다. 그들은 보통 두툼한 장부 1권과 조그마한 주판을 꺼내놓고는 심부름하는 아이와 함께 장부를 정리했다. 채제공의 〈만덕전〉에 "그녀는 탐라의 사내들을 머슴으로 부렸다"라고 기록되어 있는 것으로 보아, 만덕도 집사나 마름을 두었을 것으로 보인다.

한편 조선시대에도 상세(商稅)를 거두어 지방 관아나 촌락의 재정을 충당토록 했다. 《경국대전》에 따르면, 당시 상인들은 좌상의 경우에는 매달 저화 4장, 행상은 8장, 선상은 배의 크기에 따라 큰 배는 100장, 중간 배는 50장, 작은 배는 30장을 각각 세금으로 납부했다. 여기서 주목할 만한 점은 좌상에게는 저화를 4장씩 징수하면서 행상에게는 8장씩을 징수했다는 사실이다. 이는 행상에게 더욱 가혹한 상세를 거두어 농민층이 상인으로 전락하는 것을 방지하는 조선 정부의 상업 억제책이었던 듯하다. 그리고 선상은 육지에서 활동하는 행상에 비해 상업 규모가 크고 이윤도 많이 남았기 때문에 부과하는 상세도 매우 많았던 것으로 보인다.

조선 후기에 새롭게 출현한 객주도 구문 수입 중의 일부를 상세로 납부해야 했다. 대표적인 예로 전라도 순천부 신성포구의 객주는 연간 구문 수입 200냥 4푼 중에서 80냥 5푼을 세금으로 냈다고 한다. 순천부에서는 이를 질청의 비용으로 쓰거나 민고(民庫)나 관노청의 비용으로 충당했다. 끝으로, 지방 관아에서 세금을 걷는 방식을 살펴보면 17세기까지는 주로 현물로 받았으나, 18세기 이후부터는 화폐로 받기 시작했다.

만재와 언년이의 혼사

이윽고 만덕이 관아에서 풀려나 집으로 돌아오니, 내내 가슴을 졸이며 기다리던 만재가 대문 밖까지 달려나와 손을 맞잡고 물었다.

"누님, 대체 어찌 된 일이오?"

"응, 부목한이 이방과 짜고 탈세 혐의로 나를 붙잡아갔던 거란다. 또 객주를 못하게 하려고 수작을 부린 거겠지."

"저런 죽일 놈들! 그렇다고 우리가 물러설 줄 알고! 어림 반 푼어치도 없지!"

만재는 부목한과 이방이 있는 제주성을 바라보며 한바탕 분노를 터뜨린 뒤, 고개를 돌려 만덕에게 다시 물었다.

"한데 어찌하여 이리 빨리 풀려났소?"

"죄가 없으니 금방 풀어줄 수밖에. 본래 거짓은 오래 가지 못하는 법이란다."

"휴, 하마터면 큰일 날 뻔했네!"

식구들은 그제야 안도의 한숨을 내쉬며 놀란 가슴을 쓸어내렸다.

"이젠 걱정하지 말고 어서 가서 일들 보아라. 그리고 언년이는 따로 할 얘기가 있으니 이리 좀 들어오너라."

만덕은 언년이만 데리고 방안으로 들어가 사뭇 진지한 표정으로 물었다.

"언년아, 너 혹시 잘 아는 매파가 있느냐?"

"이웃 마을에 한 사람이 있기는 한데, 뜬금없이 웬 매파를 찾으세요?"

"응, 올케를 볼까 해서 그런다."

"올케요?"

"만재에게 짝을 찾아주겠다는 게지. 내일이라도 당장 그 매파를 찾아가서 검소하고 부지런한 처자를 좀 찾아달라고 해라. 한시가 급하니 서둘러야 한다."

그러고는 만덕이 종이 조각에 만재의 생년일시를 적어주니, 글자를 모르는 언년이가 그것을 들고 이리저리 돌려보며 물었다.

"이게 뭐예요, 언니?"

"만재의 생년일시란다. 잊지 말고 꼭 매파한테 전해주어라."

"아, 생년일시라 적혀 있구나, 호호호."

며칠 뒤 언년이가 매파와 함께 한 처자를 집으로 데려왔다. 그녀는 머리에 긴 치마를 쓰고 왔는데, 언뜻 보기에도 매우 조신해 보였다.

"언니! 만재의 천생배필을 데려왔어요."

언년이가 처자를 윗목에 앉히며 자못 득의양양하게 말했다.

"그래, 수고했다. 그런데 어느 집 처자인고?"

만덕이 물으니 매파가 나서서 대신 말했다.

"저 윗마을 양갓집 처자로, 아버지는 일찍 돌아가시고 지금까지 어머니, 남동생과 함께 갓일을 해서 먹고 살았답니다."

"갓일이요?"

"말총으로 망건이나 탕건, 갓을 만드는 일 말입니다."

만덕은 지난번에 써준 생년일시를 떠올리며 다시 물었다.

"사주는 좀 맞춰봤나요?"

"겉궁합 속궁합 할 것 없이 다 좋더군요. 완전히 찰떡궁합입니다. 앞으로 자손도 번창하고 재산도 많이 모을 겁니다."

만덕은 그만하면 올케감으로 충분하다 싶어서, 마루로 나가 큰소리로 만재를 불렀다.

"만재야! 만재야!"

그러자 문명과 함께 창고에서 물건을 꺼내고 있던 만재가 밖으로 나와 말했다.

"왜요, 누님?"

"네 색싯감을 골랐는데 이리 와서 좀 봐라."

"예? 색싯감이요?"

만재가 깜짝 놀라 제자리에 우뚝 서서 되물으니, 뒤따라 나온 문명이 그것을 보고 웃는 얼굴로 장난을 쳤다.

"어이, 종! 왜 그래? 장가가기 싫어? 그럼 내가 대신 가줄까?"

"야! 누가 장가가기 싫댔어? 그리고 다시는 종이라 하지 말랬잖아. 오늘은 색싯감도 왔다는데, 이 자식이."

한바탕 호통을 치며 폼을 잡던 만재는 안채로 올라가 방안을 기웃거리며 만덕에게 작은 소리로 말했다.

"누님도 참! 왜 시키지도 않은 일을 하고 그러세요. 난 아직 장가갈 준비도 안 됐는데."

하지만 만덕은 그 속을 뻔히 아는지라 억지로 웃음을 참으며 물었다.

"후후, 저기 윗목에 앉은 처자가 네 색싯감이다. 어째 마음에 드

◀ 제주 여인상
- 근대에 찍은 사진으로 과거 제주의 여인상을 엿볼
수 있다.

▼ 감옥 김준근, 〈옥중장면(獄中場面)〉, 덴마크 국립
박물관 소장
- 조선시대 감옥의 모습이다.

▼ 혼례식 김준근, 〈혼례(婚禮)〉, 덴마크 국립
박물관 소장
- 조선 말기의 혼례 풍속이 잘 나타나 있다.

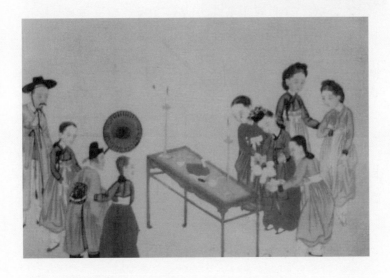

느냐?"

"노총각 주제에 마음에 들고 말고가 어디 있겠어요? 치마만 두르면 다 여자로 보이지."

"알았다, 그럼 이만 가봐라."

만덕은 아우를 돌려보내고 다시 방안으로 들어가 처자에게 물었다.

"처자의 의향은 어때요?"

"이 집안에 대해서는 소문을 들어 익히 알고 있었는데, 굳이 대답할 필요가 뭐 있겠습니까. 저 같은 여자를 불러준 것만 해도 황송하지요."

이렇게 두 사람의 마음을 확인한 만덕이 다시 매파에게 말했다.

"둘 다 싫은 눈치는 아닌 듯하니, 어서 가서 혼인 날짜를 잡아보도록 하세요."

"날이야 이달 보름이 딱 좋은데 시일이 촉급해서 원."

"쇠뿔도 당긴 김에 빼라 했다고, 우린 그날로 알고 혼례식을 준비할게요. 매파가 사돈 될 집에 가서 그쪽 의사를 한번 물어보세요. 달리 소식이 없으면 그날 혼례를 치르는 것으로 알고 있겠습니다."

"예, 그러지요."

이날부터 만덕은 혼인 준비로 정신없이 바쁜 나날을 보내야 했다. 동생 내외가 들어갈 건너편 신방에 도벽(塗壁)도 새로 하고, 문에 문풍지도 깨끗이 새로 발랐다. 또 신부의 옷을 넣어두는 옷장인 괘도 특별히 주문해서 제작했다.

그와 함께 만덕은 언년이와 소금장수 천태남의 혼인 준비도 착실히 진행했다. 하루는 천태남이 언년이를 찾아오자 두 사람을 안채로 불러들여 우선 언년이에게 말했다.

"언년이도 이번 기회에 혼인하는 게 어떨까?"

"저야 그러고 싶지만, 뭐 가진 게 있어야 말이죠."

"그건 걱정하지 마라. 내가 다 알아서 할 테니까. 벌써 저 뒷집을 사서 신혼집으로 꾸며놨고, 네가 저 사람한테 사주고 싶다던 조랑말도 사다놨다. 그러니 너도 이제부터 서서히 혼인 준비를 하여라."

그 말에 언년이는 감격의 눈물을 흘리면서 도무지 믿기지 않는다는 듯이 되물었다.

"흑흑. 그게 정말이에요, 언니?"

"그럼 내가 빈말을 했겠느냐? 어른으로서 당연한 일을 했을 뿐이니, 이제 그만 눈물은 거두어라."

천태남도 역시 감격하여 갑자기 만덕에게 '마님'이란 존칭을 쓰며 말했다.

"마님! 참말로 고맙습니다요. 이 은혜를 어떻게 갚아야 할지."

"지난번에 만재가 혼인할 때 같이 하고 싶다고 말했잖아요."

"아무리 그래도 이건 너무 뜻밖의 처사입니다요."

그러고 나서 언년이를 보고 꾸짖듯이 말했다.

"이 사람아! 하늘 같은 분께 언니라니, 의당 마님이라고 해야지. 앞으로는 꼭 마님이라 부르게."

"예, 잘 알겠소."

혼인잔치에서 들은 따끔한 충고

예부터 제주의 혼례 풍속은 육지와는 다른 독특한 면을 지니고 있었다. 혼사는 큰돈을 들여야 치러낼 수 있는 일이었는데, 《탐라지》를 보면 이렇게 기록되어 있다. "결혼을 청하는 자는 반드시 술과 고기를 준비한다. 납채(納采)[1]를 하는 날도 그렇다. 혼인날 저녁에 사위가 술과 고기를 준비해서 신부의 부모를 뵙고, 술이 취한 뒤에야 방에 들어간다." 《탐라지》가 1653년에 쓰였기 때문인지 아직까지 남귀여가(男歸女家)의 혼속이 많이 반영되어 있다.

또한 제주는 육지에 비해 혼인 절차가 꽤 복잡했을 뿐 아니라 하객들에 대한 대접도 매우 융숭하여 거의 마을잔치 수준이었다. 보통 육지의 서민층은 양쪽 부모가 혼사를 의논한 뒤, 좋은 날을 잡아 해질 녘 마당에 초례청을 차려놓고 혼례를 치른 다음 형편대로 베풀었지만 제주에서는 특이하게도 혼례 이틀 전부터 손님을 대접하는 풍습이 있었다. 이들 중 가장 중요한 의식은 역시 혼례 전날의 가문잔치였다. 이날에는 친척은 물론 이웃과 친구 등 수많은 하객들이 몰려와 하루 종일 북새통을 이루었다.

하지만 만덕은 장사하기도 바쁘고 비용도 많이 드는 까닭에 혼인날에 돼지 잡기와 가문잔치를 한꺼번에 치르기로 했다. 마침내 혼인날이 되자, 동네 부녀자들이 아침 일찍부터 찾아와 술을 거르거나 떡과 쌀밥 등 잔치 음식을 준비하고, 남정네들은 돼지를 통째로 잡아 삶거나 마당에 차일을 치고 병풍을 둘렀다.

---

1) 신부의 집에 혼서와 채단을 보내는 일

이날 오후, 신랑이 신부를 말에 태워 데려와 신랑은 사모관대를 하고, 신부는 장옷을 입고 혼례식을 올렸다. 서민층 여성이 혼인할 때 원삼(활옷)을 입고 족두리(화관)를 쓰기 시작한 것은 보다 후대인 조선 말기나 되어서였고, 그 이전에는 평상시의 외출복인 장옷을 입고 혼례를 올렸다.

"노총각이 장가를 간다니까 입을 다물 줄 모르는구나."

"허허허! 저놈은 신부한테 절하면서도 웃네그려."

구경꾼들은 마냥 좋아하는 신랑의 모습에 저마다 한마디씩 내뱉으며 축하해주었다. 만덕도 그것을 보고 흐뭇한 표정을 지으며 혼자 속으로 생각했다.

'아, 이제야 부모님을 뵐 낯이 있겠구나!'

하지만 마음 한구석에서 갑자기 쓸쓸한 감정이 밀려와 자신도 모르게 눈물이 흘러나왔다.

'휴, 정작 나는 혼인할 길이 영영 막혔구나!'

그러자 바로 곁에 서 있던 문명이 그 마음을 눈치채기라도 한 듯이 자신의 머릿수건을 풀어 만덕의 손에 쥐어주며 작은 목소리로 말했다.

"이 좋은 날 왜 눈물을 흘리고 그러시오? 제가 늘 곁에 있지 않습니까?"

"고마워, 문명!"

만재의 혼례가 끝난 뒤, 언년이와 천태남도 바로 그 자리에서 간단히 혼례식을 치렀다. 비록 주인집에 얹혀서 하는 혼례식이었지만, 두 사람의 기쁨은 앞선 신랑신부보다 훨씬 더한 듯했다.

"와, 쌀밥이다!"

얼마 뒤 혼인잔치가 벌써 시작되었는지 아이들이 흰 쌀밥을 보고 좋다며 아우성을 쳤다. 조선시대에 제주 사람들은 평소 보리밥과 조밥을 주로 먹었고, 쌀밥은 잔치나 명절, 제사 같은 특별한 날에나 먹을 수 있었기 때문이다.

한데 아이들의 그런 반응과는 달리 만덕의 일가친척들은 잔칫상을 받자마자 돌연 분통을 터뜨리며 큰소리로 투덜대기 시작했다.

"에잇! 제주에서 손꼽히는 거상이 고작 돼지새끼 1마리로 아우의 혼인잔치를 치르다니, 정말 해도 너무하는군. 만덕이 정도라면 적어도 소 1마리는 잡아서 회도 치고 굽기도 해야 하는 거 아냐?"[2]

"맞아요! 그러고 보니 남들 다 하는 가문잔치도 안 했잖아요."

"하여간 부자 놈들이 더 인색하다니까. 그저 돈밖에 몰라요."

그러자 만덕은 억지로 화를 참고 그들에게 다가가 말했다.

"어르신들, 너무 그러지 마셔요! 저는 소문만큼 돈이 많지도 않지만, 설령 있다고 해도 아무렇게나 쓰고 싶지 않습니다. 제가 어떻게 여기까지 왔는지 알기나 하세요?"

"……."

"전 관기 노릇을 하면서도 입을 것 입지 않고, 먹을 것 먹지 않으며 억척스럽게 돈을 모았어요. 또 관기를 그만두고 객주를 차린 뒤에도 부목한의 횡포 때문에 어물장수니 방물장수니 온갖 고생을 다하며 돈을 벌었습니다. 그러고는 다시 객주를 차려 조금씩 돈을 모으기 시작했지요. 허나 지금도 저는 예전처럼 검소하게 살고 있

2) 김정의 《제주풍토록》에 의하면 이 시기의 제주 사람들, 특히 관가에서는 잔치 때 주로 소를 잡아 사용했다고 한다.

제2부 거상의 탄생

습니다. 육미(肉味)를 먹지 않고, 항상 작업복인 갈옷을 입고 있지요. 그렇지 않고서야 어찌 큰돈을 벌 수 있겠습니까?"

만덕이 큰돈을 벌 수 있었던 것은 기본적으로 앞에서 보았던 것처럼 박리다매나 시세차익을 노리는 등 당시로서는 독특한 장사수완 때문이었지만, 항상 부지런하고 근검절약하는 생활습관 덕분이기도 했다.

만덕이 계속 '돈! 돈!' 하면서 돈만을 강조하자, 한 나이든 친척이 언짢은 표정으로 자리에서 벌떡 일어나 물었다.

"만덕아! 그래, 넌 큰돈을 벌어서 무엇을 하려고 하느냐?"

"거상이요. 전 큰돈을 벌어 제주 최고의 거상이 되고 싶습니다."

만덕은 그것이 자신의 평소 신념이었으므로 조금도 주저하지 않고 대답했다.

"거상? 만덕아, 거상이란 큰돈을 번다고 되는 게 아니란다."

그 말에 만덕은 순간 가슴이 뜨끔했다. 하지만 여전히 무슨 뜻인지 실감이 나지 않아 다시 물었다.

"그게 대체 무슨 말씀이세요?"

"너도 나이가 들면 차차 알게 되겠지. 아무튼 이것아, 진정한 거상이란 큰돈을 번다고 되는 게 아니라는 걸 명심해둬라."

그 친척은 이 말만을 남긴 채 유유히 잔치 자리를 빠져나갔다.

"맞아! 세상은 혼자 사는 게 아냐."

다른 친척들도 이렇게 말하고서 그를 따라 하나둘씩 객주를 떠나갔다.

세상은 혼자 사는 게 아니야

제주의 풍속

제주는 섬이라는 지리적 조건 때문에 여느 지역과 다른 독특한 풍속을 많이 가지고 있다. 《남사록》과 《탐라지》의 기록을 중심으로 제주의 풍속을 하나씩 알아보도록 하자.

- 제주 사람들은 어리석고 검소하지만 예를 지키고 양보함이 있었다. 대개 초가집이 많았으며, 남녀가 짚신 신기를 좋아했다. 길에서 관리를 만나면, 여자는 달아나 숨고 남자는 길 옆에 엎드렸다.

- 타 지방 사람들은 그 말을 알아듣기가 어려웠다. 대체로 억양이 앞은 높고 뒤는 낮았다. 조선시대 중앙에서 파견된 관리들의 기록에 따르면, 제주 사람들의 말소리는 가늘고 드세어 바늘로 지르는 것같이 날카롭고 알아들을 수 없는 말이 많았다고 한다.

- 밭머리에 무덤을 만들었다. 장례를 마친 지 100일이면 상복을 벗고 밭머리를 조금 파서 무덤을 만들었는데, 간혹 삼년상을 지내는 사람들도 있었다.

- 장수하는 사람이 많았다. 제주에는 질병이 적어 젊은 나이에 죽는 사람이 없었으며, 80~90세까지 사는 사람도 많았다. 이원진은 그 이유를 '제주가 비록 더운 지방이라고는 하나 한라산 북쪽에 위치하여 남쪽 태양의 악한 기운이 산으로 막히고, 대풍이 많다고는 하나 북쪽에서 오는 차고 시원한 기운이 습한 열기를 몰아 흩어지게 하므로 장수하는 사람이 많은 것이다. 하지만 산 남쪽은 북쪽만 못하다'라고 했다. 게다가 옛날에는 노인성(老人星)을 보면 장수한다는 속설이 있었는데, 한라산에 올라가면 그 별을 볼 수 있었다고 한다.

• 뱀, 독사, 지네가 많았다. 제주는 일기가 항상 따뜻하여 겨울이 지나도 초목과 곤충이 죽지 않았다. 홍명희의 소설《임꺽정》에 나타난 것처럼 제주에는 유난히 뱀이 많아서 돌담 위를 기어다니거나 처마에서 떨어지는 모습을 자주 볼 수 있었다. 그래도 제주 사람들은 뱀을 영물로 여겨 죽이지 않았다고 한다.

• 땅이 척박하고 곤궁한 백성이 많았다. 제주의 지층에는 바위와 돌이 많았고, 흙으로 덮인 땅은 몇 치에 불과했다. 게다가 흙의 성질이 뜨고 건조하여 밭을 개간하려면 반드시 소나 말을 몰아 밟아줘야 했다. 2~3년을 이어서 경작하면 이삭이 패지 않아서 부득이 새 밭을 개간해야 했는데, 공력은 갑절이 드나 수확은 적으니 곤궁한 백성이 많을 수밖에 없었다.

• 딸 낳는 것을 좋아했다. 남자들은 상선에 연달아 뽑혀 나갔는데, 바닷길이 험하고 멀어 떠내려가거나 물에 빠져 죽는 일이 많았기 때문이다. 그리하여 여자의 수가 남자의 수보다 3배나 많아 승려들은 절 옆에 집을 지어 처자를 거느리고 살고, 구걸하는 사람들까지도 처첩을 둘 정도였다고 한다.

• 제주에는 독특한 이사 풍습이 있다. 제주 사람들은 1년 중 '대한 뒤 5일째부터 입춘 3일 전' 까지인 신구간에만 이사를 한다. 신구간이란 새로운 것과 묵은 것의 사이라는 뜻으로, 제주 사람들은 하늘의 신과 땅의 신이 임무교대를 하는 일주일 남짓한 이 시기에 집을 옮겨야만 탈이 없다고 믿는다. 그래서 외지인들이 제주에 정착하려 할 때면 집을 구하지 못해 애를 먹는 일이 많다.

주문생산제의 도입

제주의 특산품에 주목하다

"대체 문명이는 왜 이리 안 오는 게야!"

아까부터 계속 만재가 대문을 들락거리며 물건을 사러 나간 문명을 기다리고 있었다. 이즈음 만재는 배를 타고 제주와 육지를 오가며 교역을 하고, 문명은 제주 각지를 돌아다니며 물건을 사들였으며, 만덕은 객주에서 물건 출납과 상인들의 숙식 제공 등 모든 것을 관리했다. 사업 규모가 커지면서 객주 일도 점차 분업화, 전문화가 되어갔던 것이다.

"곧 오겠지. 오늘 오전까지는 꼭 돌아오겠다고 말했잖아."

만덕도 초조한지 대문 밖으로 나가보며 말했다.

"배 떠날 시간 다 됐단 말예요. 다른 상인들은 벌써 물건을 다 실어놓고 출항하기만 기다리고 있는데……."

"글쎄, 무슨 일 있나? 요새는 툭하면 시간을 어기고 그러는구나."

"에잇! 모르겠다. 될 대로 돼라지."

만재는 기다리다 지쳤는지 대문 안으로 들어가 밖거리 마루에 벌러덩 드러누웠다. 그것을 본 만덕이 살짝 눈을 흘기며 꾸중했다.

"이제 장가도 들고 곧 있으면 자식도 둘 텐데 대체 그게 뭐니? 아무 데서나 벌러덩 드러눕고."

"누님도 참."

얼마 뒤 문명이 인부들과 함께 물건을 실은 수레를 대문 앞에 세워두고 객주로 뛰어 들어오며 소리쳤다. 얼마나 서둘러 왔는지 그의 얼굴은 땀으로 흠뻑 젖어 있었다.

"헉헉, 이보게 만재! 육지에 내다 팔 물건들을 구해왔으니, 어서 배에 실으러 가세."

그러자 만재가 벌떡 일어나 성난 얼굴로 말했다.

"왜 이리 늦은 게야? 장사하기 싫은가 보지?"

"예끼, 이 사람아! 설마 그럴 리가 있겠는가."

"그럼 왜 늦었는데?"

"응. 부목한이 산지에 가서 거의 협박조로 물건을 빼앗아가는 바람에 다른 상인들이 물건을 구하기가 아주 힘들어졌다네. 사람들이 도무지 우리한테 물건을 팔려고 하지 않는다니까. 뭔가 다른 방법을 찾아야지, 이러다가는 우리도 더 이상 장사하기 힘들 것 같아."

"저런 죽일 놈! 이젠 아예 힘으로 나오는구나."

그러나 만덕은 왠지 심상찮은 느낌을 받았는지 근심스런 표정을 지으며 말했다.

"아냐, 그렇게 욕하고 있을 때가 아닌 것 같다. 문명의 말처럼 뭔가 다른 방법을 찾지 않으면 앞으로는 물건을 구하기도 힘들 뿐더러 값도 크게 오를 거다."

그러고는 다시 문명을 보고 조심스럽게 물었다.

"문명! 혹시 달리 생각해둔 방도라도 있어?"

"하나가 있긴 한데, 그렇게 할 수 있을는지 모르겠습니다."

"뭔데? 어서 말해봐."

"예, 제주의 특산품 중 주문생산할 수 있는 품목들을 찾아야 할 것 같습니다."

"주문생산?"

만덕은 그 말이 무슨 뜻인지 몰라 고개를 내밀고 되물었다.

"그러니까 우리가 원료를 사다주고 물건을 만들게 해서 다시 사들이는 방식이죠. 아니면 애초부터 물건을 가공해서 전적으로 우리한테 팔도록 하든가. 그럼 지금보다 값도 싸고 물건도 안정적으로 사들일 수 있을 겁니다."

"음, 직거래보다 한 걸음 나아간 것이로군. 한데 그렇게 할 만한 게 뭐가 있을까?"

"갓일이요. 갓 모자와 양태, 망건, 탕건을 만드는 일 말입니다. 특히 양태는 1년 내내 만들 수 있기 때문에 그 이익이 적지 않을 겁니다."[1]

그러나 만재는 문명의 제안에 콧방귀를 뀌면서 별로 신통치 않다는 반응을 보였다.

"흥! 그 비싼 갓을 양반들이나 사지, 또 누가 사겠어?"

그러자 만덕이 고개를 가로저으며 말했다.

---

1) 대개 갓은 갓 모자와 양태(테두리, 차양)로 구성되어 있었는데, 갓 모자는 말총으로 겯고 양태는 대나무로 결었다. 양반들은 보통 망건으로 상투머리를 여미고 갓이나 탕건, 사모를 써서 자신의 신분을 나타냈다.

"아냐! 문명의 말에 일리가 있는 것 같다. 요새 육지에서 갓은 양반은 물론이고 돈 있는 상민들도 너나없이 쓰고 싶어 한다더라. 허니 잘만 하면 큰돈을 벌 수 있을 게다."

만덕은 갑자기 안거리에 대고 큰소리로 만재 처를 불렀다.

"올케! 이리 좀 나와보오."

"왜요, 형님?"

"올케도 시집오기 전에 갓일을 했잖아. 혹시 그런 일 하는 사람들을 많이 알고 있어?"

"예, 저도 그렇지만 우리 어머니가 많이 알고 있지요."

"만약 우리가 대나무나 말총 같은 원료를 사다주고 갓을 만들게 해서 나중에 다시 사주겠다고 하면, 그 사람들이 우리 일만 계속해줄까?"

"가격만 높게 쳐준다면 얼마든지 하겠지요. 아마 일거리가 없다고 서로 야단일걸요."

"좋아! 그럼 올케가 친정에 가서 그렇게 할 만한 사람들을 좀 구해줘. 되도록 많이 구해야 해."

"예, 알겠어요."

만덕은 다시 고개를 돌려 문명한테 물었다.

"한데 원료는 어디서 구할 수 있지?"

"대나무야 저 한라산 중턱에 가면 지천으로 널렸으니 일꾼들을 시켜 베어오도록 하면 될 겁니다. 말총은 당연히 목장에 가야겠지만, 제가 정의현에 아는 목자(牧子)가 있으니 그 사람에게 부탁해볼게요. 허나 일을 차질 없이 진행하려면 직접 선금을 갖고 가서 미리 계약을 해두는 편이 좋을 것 같습니다."

"음, 알았어."

고개를 끄덕이던 만덕이 얼마 있다가 문명에게 다시 물었다.

"또 무슨 해볼 만한 게 없을까?"

"전복도 한번 가공해보면 어떨까 싶어요. 제주 전복은 육지에서 최상품으로 치니까 살아 있는 생복만이 아니라 그냥 말린 건복, 쪄서 말린 숙복으로 가공해서 판매한다면, 그 이익이 아주 클 겁니다."

그 말에 만재가 갑자기 무릎을 내리치며 큰소리로 말했다.

"맞아! 나도 육지를 오가면서 그런 생각을 자주 했는데, 문명은 그걸 어떻게 생각해냈지?"

"응, 애월포구 근처에 내가 아는 잠수[2]들이 많은데 그들이 예전에 지나가면서 말한 적이 있어. 전복을 전문적으로 가공해서 팔면 돈을 많이 벌 것이라고 말이야."

"그럼 당장 그들한테 가서 우리가 밑천을 대줄 테니, 앞으로 함께 일하자고 해봐."

만덕도 그 생각이 좋다고 여겼는지 문명을 보고 말했다.

"그래, 지금 즉시 두 곳 모두에 연락을 하고, 내일 아침에 나랑 같이 선금을 가져가서 직접 계약하고 오자고."

얼마 후 선주가 씩씩거리며 객주로 달려 들어와 성난 목소리로 말했다.

"대체 뭣들 하고 있소? 배 안 띄울 거요? 다른 배들은 지금 출항하려 한다고."

---

2) 요즘 사람들은 흔히 잠수(潛嫂)를 해녀(海女)라 부르곤 하는데, 해녀는 일제시대 때부터 통용된 말이라 한다. 그러니 앞으로는 해녀보다 잠수라는 우리 고유의 명칭을 써야 할 것이다.

"어이쿠! 내 정신 좀 봐. 물건 싣는다는 걸 깜빡했네."

만재는 문명과 함께 수레를 끌고 서둘러 포구로 내려갔다.

조선 후기에는 수공업 제품의 생산이 활발해졌다. 도시의 인구가
급증하여 제품의 수요가 크게 늘어났고, 대동법의 실시로 관수품
의 수요도 적지 않았기 때문이다. 16세기 이후 국역체제의 전반적
인 해이와 국가 재정의 부족으로 종래의 관영 수공업이 쇠퇴하면
서 민영 수공업이 이 증가하는 수요를 거의 충족시켰다. 무기나 왕
실의 자기 제조 등 특수한 분야는 늦게까지 관영으로 남아 있었지
만 이 역시도 점차 민영으로 전환하는 등 모든 수공업 분야가 민영
화의 길로 나아갔다. 민간 수공업자들은 장인세만 부담하면 비교
적 자유롭게 생산 활동에 종사할 수 있었으며, 그들의 제품은 품질
과 가격 면에서 관영 수공업장에서 만든 제품과 비교할 때 경쟁력
도 높았다.

이들 제품의 상품가치에 눈을 뜬 대상인들은 점차 수공업에도 손
을 뻗었다. 그들은 대체로 작업장과 자본의 규모가 작았던 민간 수
공업자들에게 자금이나 원료를 대주고 완성된 제품을 독점적으로
확보했는데, 그 결과 수공업자들은 점차 상업 자본에 예속되게 되었
다. 특히 종이, 화폐, 철물 등의 제조 분야에서 그런 현상이 두드러
졌다. 이렇게 수공업자들이 주문과 함께 원료와 대금을 선불로 제공
받고, 생산한 제품을 그 상인에게만 판매하던 방식을 선대제(先貸
制)라고 한다. 당시 제주는 상업과 함께 수공업도 발달했기 때문에,
만덕을 비롯한 대상인들도 수공업에까지 관여했으리라 추정된다.
이 점은 특히 만덕의 객주와 가까운 지역인 화북과 조천, 제주 등지
에서 여성들의 갓일이 유명했다는 점으로 미루어 알 수 있다.

잠수들과의 거래

다음 날 아침, 만덕은 조랑말을 타고 문명과 같이 원료를 구하기 위한 긴 여정에 올랐다. 객주에서 장사에만 묻혀 살다가 모처럼 먼 길을 떠난다고 하니, 마치 여행객이라도 된 듯한 기분이 들었다.

제주성 서문을 지나 3리쯤 내려가니, 바닷가에 크고 검은 바위 하나가 우뚝 솟아 있는 것이 눈에 들어왔다.

"앗! 용두암(龍頭巖)이다. 아무리 봐도 저 바위는 용머리같이 생겼단 말이야."

"그러니까 영주(제주) 십경(十景)의 하나라 하겠지요."

옛날 한라산 백록담에 사는 용이 산신 몰래 바닷가로 나가 승천을 하려고 했다. 그러자 산신이 활을 쏘아 그를 죽여버렸다. 용두암은 바로 그 죽은 용의 시체가 바위로 변한 것이라고 한다.

실제로 과거 제주에서 용이 승천한 것을 보았다는 기록이 있다. 세종 22년(1440) 정월 30일, 제주 안무사가 글로써 아뢰기를 "정의현에서 용 5마리가 일시에 승천했는데, 1마리는 수풀 사이에 떨어져 오랫동안 빙빙 돌다가 승천했다고 합니다"라고 했다. 그러자 세종은 좀더 소상히 조사해서 보고하라고 지시했다. 뒷날 제주 안무사가 다시 아뢰기를 "노인들을 방문하여 물으니 지난번에 용 5마리가 바다에서 치솟아 하늘로 올라갔는데, 4마리가 승천했지만 안개와 구름이 자욱하여 그 머리는 보지 못했다고 합니다. 그리고 1마리는 해변에 떨어져 육지로 갔는데, 갑자기 풍우(風雨)가 내리더니 역시 승천했다고 합니다"라고 했다.

만덕은 다시 말을 몰아 바닷가를 따라 수십 리를 내려갔다. 이윽

◀ 용두암
- 죽은 용의 시체가 변해서 바위로 변했다는 용두암이다.

▼ 갓일 김준근, 〈갓장이〉, 덴마크 국립박물관 소장
- 갓일은 과거 제주 여성들의 중요한 부업이었다.

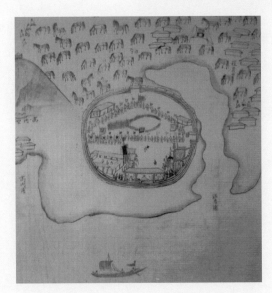

◀ 애월포구 이형상, 〈애월 조점(涯月操點)〉, 《탐라순력도》
- 애월포구의 옛 모습이다.

고 엉덩이도 아파오고 목도 뻐근할 즈음, 고삐를 잡고 있던 문명이 말을 멈추고 손가락으로 멀리 포구를 가리키며 말했다.

"저기 보이는 게 바로 제주 3대 포구의 하나인 애월포구입니다. 바로 이 근처에 제가 아는 잠수들이 많지요."

만덕은 길가에 말을 매어두고 문명을 따라 바닷가로 내려가 잠수들이 물질하는 모습을 바라보았다. 20명 가량의 잠수들이 물속으로 들어가 해초 사이를 뒤지며 전복이나 소라, 문어 등을 잡다가, 어느 순간 불쑥 물위로 떠올라 '호오이, 호오이' 하는 소리를 내며 일시에 숨을 토해냈다.

잠수들은 보통 수심 20m 깊이에서 작업을 하는데, 작업 시간은 대략 80초에서 2분 사이라고 한다. 잠수들이 물질하는 모습은 신광수의 〈잠녀가(潛女歌)〉에 잘 나타나 있는데, 임형택 선생의 번역을 통해 해당 부분만을 간략히 살펴보자.

耽羅女兒能善泅　　탐라의 여자애들 자맥질을 잘하나니
十歲已學前溪遊　　열 살이면 벌써 헤엄치기 배워 시냇물에 나가 논다네.
土俗婚姻重潛女　　이 고장 풍습이 잠녀를 둔 부모들 혼인말 나면
父母誇無衣食憂　　우리 딸은 의식 걱정 없다 자랑삼아 이야기한다지.
(중략)
擊水相戱橫乘流　　파도에 몸을 실어 물장구치고 놀다가
忽學鳧雛沒無處　　오리처럼 자맥질하여 가뭇없이 사라지고
但見匏子輕輕水上浮　　다만 보이나니 뒤웅박 둥둥 물위에 떠 있더라.
斯須湧出碧波中　　푸른 물결 사이로 어느새 솟구쳐 올라
急引匏繩以腹留　　뒤웅박줄 얼른 끌어당겨 뒤웅박 위로 올라타고

一時長嘯吐氣息　휘파람 길게 불어 일시에 숨을 토해내니
其聲悲動水宮幽　그 소리 깊고 깊은 수궁 속까지 구슬피 울리더라.

"안 보인다! 안 보인다!"

한 잠수가 시간이 꽤 지났는데도 물위로 떠오르지 않자, 만덕이 소리치며 자리에서 일어나 숨을 죽이고 초조하게 바라보았다.

"걱정 마세요. 곧 나올 겁니다."

문명의 말이 채 끝나기도 전에 과연 그 잠수가 물위로 떠올라 거친 숨을 몰아쉬었다.

"어휴! 난 사고라도 나는 줄 알았네."

얼마 후 상군잠수(上軍潛嫂)[3]인 듯한 사람이 주위를 돌아보며 큰소리로 말했다.

"자, 다들 그만하고 물 밖으로 나가자!"

상군잠수의 말에 따라 다른 잠수들이 일제히 물질을 중단하고, 뒤웅박을 짚고 헤엄을 쳐서 물 밖으로 나왔다.

"어이, 고생들 많았소!"

문명이 그들에게 다가가 웃는 얼굴로 아는 체를 하니, 잠수들은 아직도 숨이 차는지 말없이 고개만 끄덕였다.

"많이들 잡았어요?"

뒤따라간 만덕이 잠수들의 망사리 속에 전복과 소라 등이 가득한 것을 보고 인사치레로 물었다. 그러자 상군잠수가 긴 한숨을 내쉬

---

3) 잠수들의 우두머리인 상군잠수는 단지 나이가 많다고 되는 게 아니었다. 주로 기량이 뛰어나고 경험도 풍부한 30~40대 여성이 맡아서 했다.

며 힘없는 목소리로 대답했다.

"많이 잡으면 뭐합니까? 관아에 진상품으로 다 바쳐야 하는걸."

위에서 인용한 바 있는 〈잠녀가〉나 《남사록》에 따르면, 당시 잠수들은 대단히 많은 양의 전복을 관아에 바쳐야 했다. 게다가 관리들이 공물을 빙자하여 사리(私利)를 도모하는 것도 그 몇 배나 되었다고 한다.

"그럼 나머지는 어떻게 하세요?"

"어떻게 하긴요. 장에 내다 팔거나 상인들한테 대강 줘버리지."

"죽을 고생해서 잡은 해산물을 대강 주다니요. 그래서야 되겠습니까?"

"그럼 어떡해요? 우리가 날마다 직접 팔러 다닐 수도 없는 노릇이고."

만덕은 비로소 자신이 찾아온 이유를 분명히 말했다.

"앞으로는 관아에 진상하고 남은 해산물을 전부 우리한테 넘기세요. 물론 값은 여러분이 원하는 대로 후하게 쳐드리겠습니다."

"그렇잖아도 어제 문명한테 연락은 받았는데, 어째 믿어도 될는지 모르겠네요. 우린 고생한 만큼 제값을 받아야 하는데……. 게다가 전복도 생복만이 아니라 건복, 숙복으로까지 만들어달라면서요."

"예, 걱정 말고 주문대로 물건만 해주세요. 가격은 서운치 않게 바로바로 계산해서 드릴게요."

"알겠습니다, 그리하죠."

상군잠수는 막상 물건을 해주겠다고 대답해놓고도 뭔가 두려운 구석이 있는지 또다시 입을 열어 혼잣말처럼 내뱉었다.

"근데 부목한이 우릴 가만둘까 몰라."

그 말에 의아해진 만덕이 상군잠수의 얼굴을 쳐다보며 되물었다.

"부목한이라뇨?"

"부목한이 자기들한테만 물건을 팔라고 했거든요. 그렇지 않으면 관아에 연락해서 진상품을 더 많이 바치게 하겠다고요."

"설마 그럴 리가 있겠습니까? 만약 사또께서 아시면 큰일 날 텐데. 그냥 협박조로 말한 걸 겁니다."

"그럼 천만다행이구요."

"예, 걱정 마세요. 절대로 그런 일은 없을 겁니다."

만덕은 좀더 얘기를 나누며 잠수들을 충분히 안심시킨 후, 이내 전대에서 돈 수 냥을 꺼내 상군잠수에게 건네주며 말했다.

"이건 선금인데, 돈이 하도 무거워서 많이 못 가져왔습니다.[4] 해산물을 말리고 찌고 하려면 돈이 많이 필요할 테니 이거라도 우선 받아두세요."

"어이쿠, 이렇게 감사할 데가. 여태까지 먹고 살 길이 막막했는데, 이제야 좀 숨통을 트게 되었습니다.

"뭘요. 우리 객주와 계약해주셨으니 제가 고마워할 일이죠. 앞으로 잘 부탁드리겠습니다. 그럼 우린 이만 가볼게요."

계약을 성사시킨 만덕은 가벼운 발걸음으로 문명과 함께 길 위로 올라왔다. 그리고 다시 조랑말을 타고 막 길을 떠나려는데, 제주성 쪽에서 강여일이 말을 타고 6~7명의 장정들과 함께 달려오며 소

---

4) 숙종 4년(1678) 상평통보가 발행되기 전까지 화폐는 주로 쌀과 삼베, 무명 등이었다. 하지만 17세기 이후 지방 장시가 성장하면서 금속화폐가 널리 통용되었다. 대개 상평통보 1개는 1푼(分)이었고, 10푼이 1전(錢), 10전이 1냥(兩)이었다. 즉 1냥은 엽전 100푼이었던 것이다. 당시 엽전 1푼은 요즘의 500원짜리 동전보다 두껍고 무게도 더 무거웠으므로, 장정 한 사람이 지고 갈 수 있는 엽전은 100냥도 안 되었다.

리를 질렀다.

"거기 서라, 이놈들!"

만덕은 무슨 영문인지 몰라 그들이 도착할 때까지 가만히 서서 지켜보고 있었다.

"헉헉! 이년아. 방금 저 잠수들과 거래했지? 이미 다 알고 왔으니 바른 대로 말해라."

강여일은 누군가의 연락을 받고 제주성에서 예까지 한걸음에 달려왔는지 거친 숨을 몰아쉬며 말했다.

"그래, 거래했다. 그게 너하고 무슨 상관이지?"

"저 잠수들은 이미 우리한테만 물건을 대주기로 약조했다. 남의 거래처를 함부로 갈취하고도 네 몸이 온전할 것 같으냐?"

그 말에 만덕은 갑자기 속에서 분노가 치밀어 올라 또다시 양팔을 걷어붙이며 큰소리로 말했다.

"이런 날강도 같은 놈! 순진한 사람들을 속여서 이익을 취하려 하다니. 그게 과연 상인의 도리이더냐?"

"우리가 저들을 속였다고?"

"너희들에게 물건을 대주지 않으면 진상품을 더 많이 바치게 하겠다고 협박했다 하던데, 이 사실을 사또께서 아시면 대체 뭐라고 하실까? 그래, 어디 관아에 가서 직접 물어보자."

만덕은 곧장 말머리를 돌려 제주성 쪽으로 나아가려 했다.

"이, 이년이 어딜 가려고? 뭣들 하느냐! 당장 저년을 말에서 끌어내려라."

강여일이 큰소리로 지시하니, 6~7명의 장정들이 만덕을 향해 일제히 달려들었다. 하지만 문명이 재빨리 그들 앞을 가로막고 한바탕 싸울 태세를 보였다.

"허허, 이놈들아! 어디 올 테면 와봐라. 나도 어려서부터 싸움깨나 했던 놈이다."

지난번에는 강여일에게 갑작스레 정강이를 얻어맞긴 했지만, 사실 문명은 등돌 들기에서 보여주었듯이 힘도 세고 요령도 많은 사람이었다. 하지만 한 사람이 6~7명의 장정들을 상대하기는 무리일 수밖에 없었다.

"호호호, 네놈이 아무리 힘이 센들 우릴 당해낼 거 같으냐? 어리석은 놈!"

장정들은 이렇게 말하며 서서히 문명을 둘러싸기 시작했다. 바로 그때였다. 소금장수 천태남이 4~5명의 행상들과 함께 조랑말을 끌고 언덕을 올라오며 소리쳤다.

"어이, 이게 누군가! 문명 총각이 아닌가! 그런 재미난 놀이를 혼자 하면 안 되지."

천태남 일행이 문명과 합세하자, 강여일도 안 되겠다 싶었는지 말에서 내려오며 물었다.

"넌 누구냐? 어디서 많이 본 것 같은데……."

"아니, 천하의 태평한 남자 천태남을 모르다니. 당신 제주 사람 맞아? 하긴 부목한의 졸개 주제에 나 같은 위인을 어찌 알겠나."

"뭐야! 이 자식이."

강여일이 천태남을 향해 달려들자, 그 수하의 장정들도 일제히 달려들어 한바탕 몸싸움을 벌이기 시작했다. 하지만 날마다 점포에 앉아 손님들의 눈치만 살피던 이들이 평생 등짐장수로 살아온 행상들을 당해내기는 힘든 일이었다. 강여일이 천태남과 문명에게

◀ **정의현** 이형상, 〈정의조점(旌義操點)〉,《탐라순력도》
- 정의현의 옛 모습이다.

▼ **골갱이**
- 김을 매는 농기구인 골갱이를 찍은 사진이다.

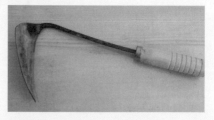

▼ **잠수들**
- 근대에 찍은 사진으로 과거 잠수들의 모습을 일부나마 엿볼 수 있다.

연달아 주먹을 맞고 쓰러지자, 장정들은 슬금슬금 뒤로 물러서더니 이내 강여일을 말에 태우고 왔던 길을 돌아 꽁무니를 뺐다.

"어떻게 된 거예요?"

싸움이 끝나고 주위가 조용해지자, 만덕이 반가운 얼굴로 천태남에게 다가가 물었다.

"허허, 어떻게 되긴요. 집에 돌아가다가 문명이 혼자 노는 것을 보고 살짝 와서 같이 놀아줬을 뿐이죠."

"아무튼 고마워요. 우린 또 말총을 구하러 가야 하니, 먼저 집으로 돌아가세요."

"예, 조심히 다녀오세요."

말총의 전매

만덕과 문명은 그날 애월포구의 한 객점에서 묵고, 다음 날 새벽에 일찍 일어나 말총을 구하러 한라산 등허리로 펼쳐진 길을 걸어 정의현을 찾아갔다.

"제주 사람들은 밭두둑마다 왜 저리 돌담을 쌓았을꼬?"

만덕이 정의현으로 가다가 돌담이 쌓인 밭두둑을 보고 물으니, 문명이 잠시 말을 멈추고 대답했다.

"돌하고 말이 많은 섬이니 자연 밭두둑에 돌담을 쌓을 수밖에요. 어떻게든 돌을 치워야 하고, 말이 뛰어들지 못하게 막아야 하니까요."

본디 제주는 돌이 사방에 흩어져 있어서 농토의 이용률이 낮고,

경작지의 경계가 없어 이웃 간에 다툼이 많았으며, 또 가축을 놓아 기르다 보니 가축의 침범으로 인한 폐해가 많았다. 이에 고려 고종 때 판관 김구(金坵)가 돌을 주워 모아 경작지의 경계선을 만들고, 집집마다 돌담을 쌓도록 했다. 이후 제주 사람들은 그를 돌 문화의 은인(恩人)으로 칭송하며 공덕비를 세워주었다고 한다.

만덕은 올해 농사 형편도 알아볼 겸하여 밭두둑 너머에서 김을 매는 아낙네를 불러 물었다.

"아주머니, 무슨 밭을 매세요?"

"보면 모르오. 조하고 콩밭을 매고 있잖소."

"어째 올 농사는 풍년이 들 거 같습니까?"

"그거야 하늘이나 알고 땅이나 알지, 우리 같은 사람이 어찌 알겠소. 어렵사리 농사를 지어놔도 여름에는 가뭄이나 홍수, 가을에는 태풍이 싹 쓸어가 버리니 누가 풍년을 장담할 수 있겠소?"

"근데 농기구가 왜 그리 작고 날카롭습니까?"

만덕이 김을 매는 농기구인 골갱이[5]를 보고 다시 물으니, 아낙네는 여전히 김매기에 열중하면서 퉁명스럽게 대답했다.

"흙 속이 온통 바위와 돌투성이니, 농기구가 작고 날카로울 수밖에요."

"하긴, 정말 그렇겠네요."

마침내 두 사람은 한라산을 거의 반 바퀴나 돌아서 목장이 많다는 정의현에 도착했다.

---

5) 골갱이는 육지의 호미와 같은 것이었으나 모양이 조금 달랐다. 날부분의 폭이 좁고 끝이 뾰족하게 되어 있어서 자갈이 많은 제주밭을 일구기에 아주 편리했다.

"와, 제주에도 이런 곳이 다 있었네! 이 아름다운 세상, 즐겁게 살아야 하는데……."

만덕이 정의현 주변에 펼쳐진 탁 트인 초원을 보고 마치 소녀처럼 감탄하며 말했다. 그러고는 고개를 획 돌려 뜬금없이 문명에게 이렇게 물었다.

"문명은 왜 여태 혼인하지 않는 거지? 만재는 벌써 혼인하고, 곧 있으면 자식까지 둘 텐데 말이야."

그러자 문명이 짚신을 신은 발로 들꽃을 살살 건드리며 한숨 섞인 목소리로 대답했다.

"사모하는 여인이 있는데, 꿈이 너무나 커서 제 마음을 고백할 틈을 주지 않네요."

"무슨 꿈을 품고 있는데?"

"큰돈을 벌어 제주 최고의 거상이 되겠다는 꿈이요."

"……."

만덕은 가슴이 찔려 더 이상 말을 이을 수가 없었다. 그 사람은 바로 자신이었기 때문이다.

"어서 가죠! 저기 오름(봉우리) 밑에 목자가 있는데."

뜻밖에 자신의 마음을 털어놓고는 쑥스러웠던지 문명은 먼저 목자에게로 달려갔다.

"안녕하세요? 아저씨."

"어서 오너라. 그렇지 않아도 연락을 받고서 내내 기다리고 있었다."

대개 목자는 각 목장에서 우마(牛馬)를 기르는 인부로, 일반적인 인식과 달리 대단히 고된 일이었다고 한다.

문명이 뒤쫓아온 만덕을 가리키며 말했다.

"이분이 바로 우리 객주의 주인장입니다. 김만덕이라고."

"말씀 많이 들었습니다. 요새 제주에서 부목한과 맞설 수 있는 유일한 거상이라고요? 참으로 대단하십니다."

"호호호, 별말씀을요."

목자와 가볍게 인사를 나눈 뒤, 만덕은 넓은 목초지에서 풀을 뜯고 있는 말들을 바라보며 물었다.

"말이 엄청 많네요. 어림잡아도 천여 마리는 되겠어요. 대체 이 많은 말들을 다 어떻게 기르세요?"

"방목하죠. 낮에는 들에서 자유롭게 풀을 뜯게 하고, 밤에는 넓은 밭에 가두어 똥과 오줌을 받아 밭의 기운을 돋게 한답니다."

"이게 전부 댁의 말인가요?"

"아뇨, 여러 사람의 말을 모아서 제가 한꺼번에 돌보고 있죠. 대신 수확기에 1마리당 얼마씩 곡식으로 품삯을 받아요."

만덕은 근처에 있는 말들에게 다가가 하나하나 유심히 살펴보며 물었다.

"아저씨! 말총이 대체 뭐죠? 다들 아는 것 같으면서도 잘 모르는 듯해요."

"예, 말갈기와 꼬리털을 말합니다."

"갓을 만들기에는 어떤 말총이 제일 좋습니까?"

"아무래도 길이가 길고, 검은색에 윤기가 흐르는 것이 좋겠죠."

"음, 그럼 이 말들의 말총은 모두 상품(上品)에 속하겠네요! 정말 말을 잘 길렀어요."

"허허, 고맙습니다."

두 사람의 얘기가 끝나자, 문명이 목자에게 다가가 조심스럽게 말문을 열었다.

"아저씨, 미리 연락한 대로 저 말총을 우리 객주에서 전적으로 사들였으면 합니다."

"응, 그렇지 않아도 주인들이 가격만 높게 쳐준다면, 나보고 알아서 결정하라고 하더라. 근데 부목한이 마음에 걸리는구나."

"부목한이요? 그자가 여기도 왔었나요?"

"응, 지난번에 부목한이 강여일이란 자를 데리고 와서 이 말총을 반드시 자기들한테만 팔라고 하더구나. 그렇지 않으면……."

하지만 그 말이 채 끝나기도 전에 문명이 큰소리로 웃으면서 목자에게 말했다.

"허허허. 걱정 마세요, 아저씨! 다시는 그런 일 없을 겁니다. 어제 우리한테 혼쭐이 나서 도망갔거든요."

만덕도 목자에게 다가가 안심하라는 투로 활짝 웃으면서 말했다.

"그래요! 걱정할 거 하나도 없습니다."

그러고 나서 만덕은 어제 상군잠수에게처럼 돈 수 냥을 건네주며 말했다.

"이건 선금인데, 계약금 조로 받아두세요."

"예, 제가 말 주인들한테 잘 전해주겠습니다."

목자는 돈을 받아 자신이 타고 다니는 말 등에 단단히 실었다. 날이 이미 저물어 이날도 두 사람은 정의현의 한 주점에서 묵고, 다음 날 아침 일찍 화북포구의 객주로 돌아왔다.

과거 제주에는 목축이 성행했다. 땅이 따뜻하고 풀이 무성하며, 산이 깊어도 호랑이가 없으니 가축이 잘 번식했다. 특히 원나라에

주문생산제의 도입

서 목장을 설치한 이래로 말을 기르고 번식하는 것이 다른 지방과 비교할 수 없을 정도로 성했다. 그래서 양마(良馬), 곧 좋은 말이 많이 생산되었고 말 기르기를 직업으로 하는 사람이 많았다.《인조실록》5년(1627) 7월 2일조에 의하면, 당시 한라산 일대의 거의 절반이 말로 가득 차 있었다고 한다.

한편 말총으로는 보통 갓을 만들었지만 때로는 옷을 짓기도 했다.《성종실록》21년(1490) 4월 25일조에 이런 이야기가 있다. 최부가 제주에서 항해를 하다가 중국으로 표류한 적이 있었는데, 중국 사람들이 말총으로 만든 옷을 가지고 왔느냐고 물었다. 그래서 없다고 했더니 중국 사람들은 '전에 이섬이란 자가 여기에 왔을 때는 말총으로 만든 옷을 많이 가지고 와서 팔았는데, 너는 유독 없다고 하니 실로 한심한 선비로다' 라고 했다. 물론 말총으로 옷을 짓는 행위는 불법이었고, 그만큼 고가품이었다.

제주의 특산물

제주는 화산섬이라 토지가 척박하여 땅에서 나는 생산물만으로는 생계를 유지하기가 어려웠다. 반면 어느 지역보다도 진귀한 특산물이 많이 나는 곳이었다. 그럼 이제부터 조선시대 제주의 특산물을 하나씩 알아보자.

우선 각종 물고기나 전복, 미역 등 해산물을 들 수 있다. 특히 미역은 당시 사람들이 명태와 함께 가장 즐겨 먹었고, 산후(産後)에 반드시 먹어야 하는 음식이었으므로 매우 중요한 산물이었다.

다음으로 말과 말총을 들 수 있다. 예로부터 제주 목장에서는 좋은 말이 많이 생산되었기 때문에 말 장사로 생계를 유지하는 이들이 많았다. 그리고 제주의 대표적인 특산품이었던 말총에 대해서는 박지원의 〈허생전〉에 잘 나타나 있는데, 해당 부분을 살펴보도록 하자.

허생은 다시 칼, 호미, 무명, 명주, 솜 등을 사가지고 제주로 건너가서 그것을 팔아 말총을 모조리 사들였다. "몇 해 못 가서 나라 사람들이 상투도 싸매지 못할 것이다." 과연 허생이 장담한 대로 얼마 가지 않아서 나라의 망건 값이 10배나 뛰었다. 그래서 말총을 내다 파니 백만 금이나 되었다.

또한 양태, 곧 갓 테두리도 제주의 특산품 중 하나였다. 양태는 대나무를 쪄서 만든 미세한 섬유로 둥글넓적한 양태판 위에서 섬세하게 쪄낸 수공업품이다. 앞에서 보았듯이 과거 제주에서는 양태 짜기를 비롯한 갓일이 여성들의 주요한 부업으로 자리 잡고 있었는데, 특히 만덕의 객주와 가까운 지역인 화북과 조천, 제주 등지가 유명했다. 제주에서 생산된 양태는 강진이나 해남 등지를 거쳐 중간 상인들에 의해 서울의 양태전에서 판매되었다. 조선 후기에는 봉건적 신분제가 해체되면서 갓과 망건, 탕건 등을 쓰는 사람들이 더욱 늘어나 그에 대한 수요가 날이 갈수록 높아졌다. 또 수공업은 농업보다 이득이 훨씬 많이 남았으니, 당시 갓일을 하는 제주 여성들의 경제적 능력을 충분히 짐작할 수 있을 것이다.

한편 지금은 남해안 지역에서도 감귤이 생산되지만 조선시대에는 오로지 제주에서만 감귤이 났다. 감귤의 종류는 금귤 · 유감 · 동정귤 · 청귤 · 산귤 · 왜귤 · 감자 · 유자 등 무려 9가지나 되었다. 이들 중 금귤 · 유감 · 동정귤이 상품이고, 감자 · 청귤이 그 다음이며, 유자 · 산귤이 그 다음이었다. 대개 감귤은 3월에 열매를 맺고, 9월에 익기 시작해서 겨울에 땄다고 한다.

끝으로 사슴뿔을 잘라서 만든 녹용이나 병으로 소의 쓸개에 생긴 특이한 물질인 우황 등도 제주의 특산품 중 하나였다. 특히 우황과 관련해서는 재미있는 이야기가 하나 전해진다. 조선 순조 때의 계서(溪西) 이희준(李羲準)이 지은 《계서야담(溪西野談)》을 보면, 우황으로 큰 돈을 벌어들인 제주목사에 대한 이야기가 나온다. 조선 초기에 한 하급관리가 동료들에게 "나를 제주목사로 임명해준다면 선정을 펼치고 큰 돈을 벌어오겠다"며 호언장담을 했다고 한다. 그 소식을 전해들은 왕이 그를 제주목사로 임명했는데, 그는 부임한 첫날부터 밤낮으로 소송과 민원 해결에 매달렸다. 그러던 어느 날 그가 병을 얻어 자리에 눕자 백성들이 찾아와 치유할 방도를 물었다. 그의 대답은 이러했다. "약은 우황이라네. 다만 우황 수십 근으로 떡을 만들어 붙이되 온몸을 두루 싸는데, 매일 서너 차례 새 약으로 갈아 붙이면 4~5일 만에 반드시 나을 걸세." 이 말을 들은 백성들이 너나 할 것 없이 우황을 바치니 몇 백근이나 되는지 알 수 없었다. 훗날 그는 임기를 마치고 상경한 후에 이를 팔아 큰 부자가 되었다고 한다.

"돈을 마냥 벌어서 뭐하겠니? 내 재산 중에 여생을 지탱할 것만 남기고, 나머지는 모두 풀어서 저들을 구하는 데 쓰고 싶다."

"아니, 도대체 그게 말이나 되는 소리요? 누님이 그 돈을 어떻게 모았습니까? 남한테 돈밖에 모르는 억척스런 여인네라고 손가락질까지 당하며 모은 돈이 아닙니까?"

"내 재산은 결국 제주 사람들 덕분에 모은 것이니, 이제 저들에게 돌려주는 게 당연하다. 진정한 거상이 무엇인지 이제야 알았다. 그건 바로 남에게 베풀 줄 아는 사람이야!"

제 3 부

이제 곳간을 열어라!

공물 진상선 경합

제주의 공물 진상

목사가 동헌방에서 걸어 나와 대청에 있는 의자에 앉으며 이방에게 물었다. 무슨 근심거리라도 있는지 이날따라 목사의 얼굴이 매우 침울해 보였다.

"그래, 다들 모였느냐?"

"예이, 분부대로 제주의 거상들은 다 모였사옵니다."

만덕이 그 말을 듣고 주위를 살펴보니, 과연 제주의 내로라하는 상인들은 다 모여 있는 듯했다. 그중에서도 맨 앞에 서 있는 부목한이 유독 눈에 들어왔다.

목사가 뜰에 서 있는 상인들을 향해 무겁게 입을 열었다.

"들어라! 내 너희들을 급히 모이라 함은 다름 아닌 공물 진상 때문이다. 너희들도 알다시피 지난번에 감귤 진상선 4척이 전라도로 가다가 태풍을 만나 모두 난파되고 말았다. 그래서 다시 감귤을 진상해야 하는데, 관선(官船)이 이미 바닥나서 어쩔 수 없이 너희들의 사선(私船)을 좀 써야겠다."

제주는 군사적, 지리적 특수성 때문에 진상만이 중앙에 납부하는
유일한 부담이었다. 제주에 배정된 공물은 소와 말 같은 목축물,
미역과 전복 같은 해산물, 표고버섯과 귤껍질 같은 약재류, 감귤과
유자 같은 과실류 등이었다. 제주에서 각 시기별로 진상했던 품목
은《탐라지》에 잘 나타나 있는데, 박찬식 선생의 논문에 힘입어 도
표로 만들어보았다.

종류	진상 시기와 품목
영 진상도계(營 進上到界, 새로 부임하는 관리에게 바치는 물건)	백랍(白蠟) 24편(片)
월령(月令)	2월 : 추복(두드려서 말린 전복) 265접(貼=100개), 조복(썰어서 말린 전복) 265접, 인복(펴서 말린 전복) 95뭇(束), 청귤 1,250개 3월 : 추복 240접, 인복 85뭇, 미역 40뭇, 미역귀 2섬(石) 5말(斗) 4월·5월 : 추복 각 760접, 인복 각 170뭇, 표고버섯 각 2섬 1말 5되(升) 6월 : 추복 1,108접, 오징어 215접, 인복 170뭇 7월 : 추복 680접, 오징어 430접, 인복 170뭇 8월 : 추복·인복은 6월과 같음. 오징어 258접, 비자(榧子, 기생충 퇴치약) 14되, 반하(半夏, 담·기침약) 31근, 석결명자(石決明子, 안약) 2근, 엄나무 껍질(海桐皮, 허리·다리 저릴 때 쓰는 약) 6근 9월 : 추복 425접, 오징어 172접, 인복 85뭇, 유자 1,850개, 유안식향(油安息香, 방부제·소독제) 33근
산물(酸物, 귤)	초운(運=차례) : 금귤 880개, 감자 1,550개 2-7운 : 감자 각 3,450개, 금귤 각 300개 8운 : 유감 1,400개, 동정귤 980개, 감자 1,290개 9-18운 : 감자 각 3,300개, 유감 각 300개, 동정귤 각 340개

	19·20운 : 감자·유감·동정귤은 18운과 같고, 산귤 760개, 당유자는 결실 수에 따라 진상함
세초(歲抄, 매년 12월 진상품)	백랍 24편, 새 표고버섯 1말 2되, 궤자(麂子, 고라니)의 장포(長脯)·원포(圓脯) 각 32오리(條), 노루가죽(獐皮) 11령(令), 치자(치자나무 열매) 160근, 이른 미역(早藿) 132접, 진피(陳皮) 48근, 청피(청귤 껍질) 30근, 귤씨 7냥, 귤잎 6근, 기각(탱자) 22근, 향부자(香附子) 78근, 무환자(無患子) 8냥, 석곡(석골풀) 11냥, 기실(탱자씨) 6근, 연근(대나무 뿌리) 1근 4냥, 연실(대나무 열매) 4냥, 후박(후박나무 껍질) 32근, 목환자(무환자 나무 잿물) 4,400개
체임(遞任, 벼슬 교체 시)	말(목사·판관 각 3필, 두 현감 각 2필), 마장(馬裝) 10부, 중·소록피(中小鹿皮) 52령, 백랍 42편, 녹장포(鹿長脯)·쾌포(快脯) 각 64오리, 사슴 꼬리(鹿尾) 62개, 사슴 혀(鹿舌) 64개, 무회목(無灰木, 무회나무) 26주
삼명일(三名日)	탄생일(誕日)·동지(冬至)·정조(正朝, 설날 아침)에 말 각 20필, 마장(馬裝) 11벌, 활에 매는 노루가죽(結弓獐皮) 60령, 동·서의 추록(追鹿, 사슴 가죽을 바치는 사람) 각 15명
연례마(年例馬)	8필
세공마(歲貢馬, 해마다 바치는 말)	100필

특히 감귤은 매년 10월 그믐과 11월 그믐에 모두 스무 차례에 걸쳐 진상했는데, 일단 제주목에 모았다가 전라도 강진이나 해남, 영암 등지로 이송한 뒤, 그곳에서 다시 육로로 한양까지 옮겨갔다.

감귤 진상도 역시 말 진상처럼 많은 폐해가 있었던 듯하다. 대표적으로 《광해군일기》 즉위년(1608) 1월 3일조를 보면, "감귤은 1년에 진상하는 수가 많아서 24운(運)에 이르는데, 관가에서 심은 나무가 많지 않습니다. 그래서 반드시 민간이 소유한 과실을 수취한 후에야 진상 수량을 채울 수 있습니다. 근래 관리들이 공물을 빙자하여 많이 징수하니, 백성들이 고통을 이기지 못하여 몰래 나무뿌리를 불태우기에 이르렀습니다"라고 나와 있다.

또한 《탐라지》에 의하면, 공물 진상선이 왕래할 때 세찬 바람을 만나거나 암초에 부딪혀 물에 빠져죽은 사람이 많았다. 그래서 뱃사람들에게 별도의 배를 준비하여 배가 부서져 생기는 혼란에 대비하도록 했다. 또 혹시라도 불행한 일을 당하면 방수복을 두른 다음 표주박을 안고, 미리 준비해둔 미숫가루와 떡을 식량으로 삼게 했다. 이렇게 하면 간혹 살아남는 사람이 있었기 때문이다.

얼마 뒤 목사의 말에 한 상인이 겁을 먹고 떨리는 목소리로 아뢰었다.

"사또! 제주 해역은 원래 물길이 사납고 큰 바다 길목에 있어서 조난사고가 자주 일어납니다. 특히나 12월에서 2월 사이에 배를 띄운다는 것은 크나큰 모험입니다. 이미 12월을 당하였으니, 아마 모든 상인들이 배 띄우기를 꺼려할 것입니다."

그러자 목사가 고개를 끄덕이며 다시 말했다.

"음, 그건 나도 잘 알고 있다! 그래서 무사히 공물 진상을 마친 자에게는 그에 합당한 경비는 물론, 향후 몇 년간의 공물 진상권도 줄 것이다. 또 관아에서 쓰는 물건을 전적으로 납품할 수 있는 특권까지 주겠다."

상인들은 마음이 술렁거리지 않을 수 없었다. 만약 이번 일을 맡으면 큰돈을 벌 뿐만 아니라, 일약 제주 최고의 거상이 될 수 있기 때문이었다. 하지만 목사는 그 끝에 이런 단서를 붙였다.

"단 조건이 있다. 만약 이번에도 배가 조난을 당하면 올해 감귤 진상에 큰 차질이 생길 터이니, 무엇보다도 크고 튼튼한 배 4척과 제주 뱃길을 잘 아는 사공들을 구한 자에게 이 일을 맡길 것이다. 검열은 이달 보름날 화북포구에서 하겠노라."

한마디로 경합에 부쳐 뽑겠다는 말이었다. 그러자 부목한이 경계하는 눈빛으로 만덕을 힐끔 쳐다보고는 속으로 이렇게 생각했다.

'4척의 배와 사공들을 구하라? 제주에서 그만한 재력과 능력을 갖춘 자는 사실 저 만덕이뿐이잖아. 저번에도 주문생산제를 새로 도입해서 큰돈을 벌었다고 하던데. 그렇다고 내가 질 순 없지. 어디 두고 봐라, 이년!'

부목한은 황급히 처마 밑으로 나가 목사에게 큰소리로 아뢰었다.

"사또! 이번 일은 사안이 워낙 중대한지라 아무나 경합에 참여하게 해서는 안 됩니다. 그나마 저희 동문시장의 상인들은 관아 일을 한 번씩이라도 해보았으니, 저희들끼리만 이 일을 맡아서 처리하게 해주십시오."

이방도 역시 부목한과 같은 생각을 했는지 앞으로 나가 말했다.

"부목한의 말이 맞사옵니다. 이렇게 중대한 일을 관아 일에 아무런 경험도 없는 객주 상인들한테 맡길 수는 없습니다."

하지만 목사 곁에 서 있던 오 좌수가 자못 성난 목소리로 말했다.

"그 무슨 말인고? 지금처럼 한시가 급한 판국에 누구는 참여하게 하고 누구는 배제하다니, 도대체 그게 말이 되는 소리인가?"

결국 목사가 입을 열어 육방관속에게 분부했다.

"오 좌수의 말이 맞도다! 한 사람도 빠뜨리지 말고, 모든 상인들이 공평하게 참여할 수 있도록 하라. 결단코 한 사람도 빠져서는 안 될 것이다."

이제부터 **만덕**이 제주 최고의 거상이다!

이날 밤 만덕은 식구들을 모아놓고 관아에서 있었던 일을 자세히 얘기한 뒤, 끝으로 자신의 생각을 이렇게 덧붙였다.

"난 이번 경합에 꼭 참여하고 싶다. 지금 우리가 가진 배가 2척 이니, 나머지 2척만 구하면 틀림없이 공물 진상권을 차지할 수 있을 게다."

하지만 우려했던 대로 만재 내외가 강력히 반대하고 나섰다.

"누님! 왜 갑자기 분에 넘치는 욕심을 부리고 그러시오? 그때까지 무슨 수로 큰 배를 2척씩이나 구할 것이며, 사공은 또 어디서 구하겠소? 우린 지금 이대로도 충분하니 일찌감치 포기하고 맙시다."

"맞아요, 형님! 얼마 전부터 새로 갓과 전복을 주문생산하면서 큰돈을 벌고 있잖아요. 그거면 충분하지, 더 이상 뭘 바라세요?"

문명도 속으로는 썩 내키지 않았지만, 그렇다고 만덕이 꿈을 포기하게 할 수도 없어 일단 경합에 참여하자는 쪽에 섰다.

"아니오! 장사란 어차피 이익을 남기기 위한 것인데, 이번 일은 그 이익이 적지 않을 듯하오. 게다가 이번 경합에서 이기면 우리 주인장이 부목한을 제치고 제주 최고의 거상이 되지 않겠소. 배 2척이야 육지에 가서 들여오면 되고, 사공은 내가 하나를 맡을 테니 나머지 1명만 구하면 될 것이오."

그러자 만재가 더욱 언성을 높여 말했다.

"아니, 문명까지 대체 왜 그래? 설령 배와 사공을 구했다 해도, 12월에 배를 띄우기가 얼마나 위험한 일인 줄 알기나 하냐고!"

"그러니까 더더욱 해보자는 게지. 위험한 만큼 경합에 참여할 자가 줄어들지 않겠나. 큰돈을 벌기 위해서는 누구나 다 위험을 감수해야 하는 법이야."

"허허, 다들 제정신이 아니군! 그럼 부목한의 견제는 또 어떡할 거야? 그자가 사또 앞에서 객주 상인 운운한 것은 필경 누님을 두고 한 말일 텐데 가만히 있을 거 같냐고. 만약 누님이 경합에 참여한다는 소문을 들으면, 당장 오늘 저녁이라도 자객을 보내 누님을 죽이려 들걸."

하지만 만덕은 전혀 상관없다는 듯 태연하게 웃으면서 말했다.

"호호호, 그까짓 구더기 무서워서 장 못 담그랴. 어차피 인명(人命)은 재천(在天)이라 했다. 내 걱정은 하들랑 말아라."

"아이고, 당신들 마음대로 하시구려! 우린 굿이나 보고 떡이나 얻어먹을 테니까. 여보! 그만 건너가 잠이나 잡시다."

만재는 두 사람만 남겨둔 채, 자기 처를 데리고 윗방으로 건너가 버렸다.

한편 부목한도 그날 밤 집에 돌아가자마자 강여일을 불러다 경합에서 이길 방도를 강구했다.

"아니, 큰 배를 4척씩이나 구하라굽쇼? 우린 고작 낡은 배 1척밖에 없는데요."

강여일이 전후사정을 다 듣기도 전에 깜짝 놀라 이렇게 되묻자, 부목한이 들고 있던 빈 담뱃대로 그의 머리통을 내리치며 말했다.

"이놈의 자식이! 얘기를 끝까지 다 들어보지도 않고 호들갑을 떨기는. 걱정할 거 하나도 없다! 다른 상인들이 조금씩 돈을 빌려주기로 했고, 이방도 관아의 돈을 몰래 빌려주기로 했다."

"아무리 그래도 한꺼번에 큰 배를 3~4척씩이나 어떻게 구하겠습니까요. 배 1척이 대궐 같은 집보다도 더 비싼데."

"아니다! 우리 재산을 다 털어서라도 이번 경합에서 꼭 이겨야 한다. 천하의 거상 부목한이 일개 아녀자한테 질 수야 없지, 암!"

그 말에 방문 앞에 묵묵히 앉아 있던 부목한의 부인이 돌연 콧방귀를 뀌면서 혼잣말처럼 중얼거렸다.

"흥! 우리한테 무슨 재산이 있다고 저리도 큰소리를 치는 건지. 돈만 생기면 몽땅 애랑이한테 갖다 바친 주제에."

"시끄러워! 냉큼 나가지 못할까! 여편네가 바깥일에 참견하기는."

부목한은 큰소리를 질러 부인을 밖으로 내쫓은 뒤, 강여일을 불러 조용히 말했다.

"만덕도 틀림없이 이번 경합에 참여할 게다. 허니 내일 밤 복면을 쓰고 그 집에 자객으로 좀 다녀와야겠다."

그 말에 강여일이 흠칫 놀라며 떨리는 목소리로 되물었다.

"뭐, 뭐라고요? 만덕을 죽이라굽쇼?"

"아니. 죽이면 누구든지 우리가 했다고 할 테니, 죽이지는 말고 적당히 위협해서 경합에 참여하지 못하게만 만들어라."

"그렇다고 만덕이 포기하겠습니까? 그년의 고집이 얼마나 센데요."

"상관없다! 만약 기어이 경합에 참여해서 이긴다면, 그 배의 키들을 다 잘라 전부 고기밥으로 만들어버리면 된다. 흐흐흐, 내 생각이 어떠냐?"

"예, 아주 좋은 생각입니다요. 그러면 만덕 객주는 두 번 다시 일어설 수 없을 겁니다."

두 사람은 이렇게 의논한 뒤 방안이 들썩일 정도로 한바탕 크게 웃었다.

다음 날 저녁, 만덕은 하루 종일 객주에서 물건 내들이를 감독하느라 몹시 피곤하여 일찌감치 등불을 끄고 잠자리에 들었다. 이즈음 만덕은 중년을 훌쩍 넘겼음에도 젊었을 때와 마찬가지로 이른 새벽부터 저녁까지 쉬지 않고 장사를 하며 그야말로 악착같이 돈을 모았다.

삼경(三更)쯤 되었을까. 복면을 쓴 어떤 사람이 스르르 방문을 열고 들어오더니, 한 손으로는 만덕의 입을 막고 다른 손으로는 목에 칼을 들이대며 말했다.

"네 이년! 죽기 싫으면 곱게 일어나라."

만덕은 화들짝 놀라 두 눈을 번쩍 뜨고 소리를 지르려 했다.

"읍, 읍."

"쉿! 소리 지르면 죽는다."

자객이 칼을 쥔 손에 더욱 힘을 주며 말했다. 그리고는 서서히 자신의 본색을 드러내기 시작했다.

"이년아, 그예 경합에 참여할 테냐?"

"읍."

만덕이 뭔가를 말하려 하자, 자객은 입을 살짝 풀어주었다.

"사또께서 누구든지 경합에 참여할 수 있다고 했는데 내가 어찌 참여하지 않겠소?"

"어리석은 짓 말아라, 이년! 네가 기어코 경합에 참여한다면, 아마 네 식구들은 다 죽을 게다."

"뭐, 뭣이라고?"

분노한 만덕이 이불을 홱 젖히고 일어나 자객의 복면을 벗기려 했다.

"이, 이놈! 어디 보자. 넌 분명 부목한이 보낸 자객이렷다. 아니, 이제 보니 네놈은 강여일이로구나."

그러자 깜짝 놀란 자객이 뒤로 물러서며 얼떨결에 칼을 휘둘렀다.

"에잇! 이년이 어딜."

"아악!"

만덕은 자신도 모르게 소리를 지르며 손목을 감싸고 앞으로 거꾸러졌다.

바로 그때, 소변을 보러 마루로 나왔던 만재가 안방에서 이상한 낌새가 있음을 느꼈다.

'혹시 부목한이?'

순간 그는 정신이 번쩍 들어 안방 문을 확 열어젖히며 소리쳤다.

"누, 누구냐?"

그 소리에 자객은 뒷문을 박차고 뛰쳐나가 어둠 속으로 쏜살같이 달아났다.

"누님! 어디 다친 데 없소? 대체 무슨 일이오?"

"으윽, 괜찮다. 손을 조금 다쳤을 뿐이야. 부목한이 기어코 강여일을 자객으로 보낸 듯싶구나."

"에잇! 그러기에 내가 뭐랬소. 일찌감치 포기하고 말랬지."

만재는 이렇게 핀잔을 주면서도 누이의 손에서 피가 흐르는 것을 보자, 돌연 오기가 발동했는지 뒤뜰로 달려 나가 자객이 사라진 방향을 향해 큰소리를 질렀다.

"네 이놈들! 어디 두고 보자. 이번 경합에서 반드시 이겨서 여태까지 당한 수모를 그대로 되갚아줄 테니."

이튿날 아침에도 만재는 여전히 화가 풀리지 않는지 문명에게 당장 육지로 가서 배를 구해오자고 했다. 그 처가 눈물을 흘리며 가지 말라고 만류해도, 만재는 결코 고집을 꺾지 않았다.

"아냐! 내 이번 기회에 부목한을 완전히 무너뜨리고 말겠어. 조심히 다녀올 테니, 임자는 너무 걱정 말라고."

그러고는 만덕에게 돈을 건네받아 문명과 함께 배를 타고 육지로 떠나갔다.

마침내 경합일이 되자, 목사는 자기 휘하의 판관과 대정·정의의 두 현감까지 이끌고 포구로 찾아왔다. 목사는 4명의 교졸들이 멘 가마를 타고 왔는데, 하인 둘이 길이 2척 가량의 원뿔형 나팔을 불며 앞장을 섰다. 또한 그 뒤로는 육방과 군노, 사령 등 20~30명 가량의 관속들이 줄지어 따라왔다.

"아니, 배가 8척뿐이라니! 대체 이게 어찌 된 일이냐?"

목사가 경합에 참여한 배가 고작 8척뿐임을 보고 실망하여 묻자, 이방이 허리를 더욱 굽실거리며 대답했다.

"예이, 사또! 이번 경합에는 부목한과 김만덕, 이렇게 두 상인만이 참여하고 나머지는 재력과 능력이 부족해서 모두 포기하고 말았습니다."

"허허, 답답한지고! 그 둘이라도 일단 소개해보아라."

"예. 사또께서 보시기에 왼쪽이 부목한의 배들이요, 오른쪽이 김만덕의 배들입니다. 허나 굳이 검열할 필요도 없을 듯합니다. 누가 보더라도 부목한의 배들이 훨씬 크고 튼튼해 뵙니다요."

이방이 경합에 참여한 배들을 소개하면서 은근슬쩍 부목한의 배들이 낙점되도록 유도하자, 목사가 발끈 성을 내며 이방을 먼저 관아로 보내버렸다.

"시끄럽다! 너는 그만 관아로 돌아가 있어라."

그러고는 곁에 서 있던 판관과 두 현감에게 지시를 내렸다.

"사안이 중대하니, 다들 직접 배에 올라가 검열해보시오. 배의 규모와 튼튼함은 물론이요, 사공과 격군들까지 자세히 살펴보도록 하시오."

"예이."

얼마 뒤 양쪽의 배들을 모두 점검하고 돌아온 판관이 먼저 목사에게 아뢰었다.

"사또! 막상 올라가 살펴보니 오른쪽의 배들이 훨씬 크고 튼튼해 보였습니다. 겨울철에 제주 큰 바다를 건너려면, 아무래도 저 정도는 되어야 할 것 같습니다."

두 현감의 의견도 판관과 마찬가지였다.

"예, 판관 나리의 말씀이 맞습니다요. 왼쪽의 배는 작고 낡았으며, 본디 제주 인근을 돌아다니는 행상들의 배였던 듯합니다. 사공들도 역시 육지로 가는 뱃길을 잘 몰랐습니다."

"음, 알겠소."

목사는 이렇게 말하고서는 뒤로 돌아 부목한과 만덕에게 물었다.

"오른쪽 배의 주인이 누구더냐? 어서 이리 나오너라."

그러자 만덕이 기쁜 마음을 애써 감추고 앞으로 나오며 말했다.

"바로 접니다."

"너희 배가 공물 진상선으로 낙점되었으니, 하루라도 빨리 공물을 싣고 출항하도록 하여라. 이번 감귤 진상은 때가 이미 늦었으니, 4척의 배를 일시에 출항하도록 하라."

"예, 곧장 공물을 싣고 바람이 맞으면 언제라도 출항하겠습니다."

이렇게 해서 결국 만덕이 공물 진상권을 따내자, 구경꾼들은 그녀에게 박수갈채를 보내는 한편 부목한에게는 대놓고 야유를 퍼부었다.

"와! 이제부턴 만덕이 제주 최고의 거상이다."

"이놈, 부목한! 평생 횡포와 사치만 일삼더니 꼴좋게 되었다. 이젠 빚더미에 앉게 되었구나."

바람에 울고 웃는 제주 사람들

상황이 다급한지라, 만덕은 바로 그날부터 출항 준비에 들어갔다. 제주목에서 가져온 감귤을 4척의 배에 나눠 싣고, 자신들이 교역할 물건도 그 사이사이에 실었다. 《세종실록》 9년(1427) 6월 10일조에 의하면, 제주에서는 진상할 때 사물(私物)을 함께 보냈는데, 심지어 말을 진상할 때도 사마(私馬)를 끼어 보냈다고 한다.

"오늘은 동풍이 부니 배를 띄울 만하다!"

출항 준비를 마치고 며칠째 동풍이 불기만을 기다리던 어느 날 아침, 문명이 객주로 달려오며 소리쳤다. 당시 제주 사람들은 동풍을 만나면 출항하고 북풍을 만나면 돌아오곤 했다. 하지만 만재는 여전히 조심스러운 태도로 수하의 한 격군에게 이렇게 지시했다.

"아무래도 미심쩍다. 밖에 나가서 깃발을 한번 걸어봐라."

뱃사람들은 대개 이렇게 깃발을 걸어 바람의 방향을 확인했다. 잠시 뒤 격군이 돌아와 보고하기를,

"동풍이 불긴 하지만 바람이 순하지 못하고, 파도도 꽤 높은 편

입니다.”

“그럼 오늘도 배를 띄울 수 없겠구나.”

만재가 냉정하게 말하고 방으로 들어가려 하자, 문명이 그의 옷
소매를 붙잡고 성난 목소리로 물었다.

“아니, 저렇게 동풍이 부는데도 배를 띄우지 않다니 정말 너무하
잖아! 만약 오늘도 배를 띄우지 않으면, 감귤은 누렇게 익다 못해
아예 썩어버리고 말 거라고.”

그 말에 곁에서 지켜보던 만덕도 초조한 마음을 감추지 못하고
만재에게 다가가 은근히 출항을 재촉했다.

“모처럼 동풍이 분다는데, 웬만하면 배를 띄우지 그러느냐?”

“동풍이 분다 해도 바람이 순하지 못해서 배를 띄울 수 없단 말예
요! 잘못 출항했다가 조난이라도 당하면 그걸 누가 책임질 거요?”

만재는 잔뜩 화를 내며 큰소리를 쳤다. 하지만 문명도 오늘따라
조금도 물러서지 않고 맞받아쳤다.

“내가 책임질게! 제때에 공물을 진상하지 못해 사또께 맞아 죽느
니, 차라리 물에 빠져 죽는 편이 낫지. 어디 그뿐인가? 우리 객주도
하루아침에 망하고 말 걸세.”

“허허, 출항을 앞둔 사람이 그 무슨 막말인고.”

결국 만재는 어쩔 수 없다는 듯이 문명에게 다시 말했다.

“좋아! 정 그렇다면 자네가 먼저 출발하게나. 우리는 바람을 봐
가면서 천천히 뒤따라갈 테니까.”

“그래, 걱정 말고 뒤따라오기나 하라고.”

문명은 이 말만을 남긴 채 식구들에게 인사도 하지 않고 서둘러
포구로 내려갔다.

"자, 출항이다! 닻을 올려라!"

문명이 자기 배에 올라타며 소리치자, 키를 잡은 격군이 급히 달려와 불안한 얼굴로 말했다.

"지금 출항하려고요? 키가 좀 이상한 듯한데……."

"상관없어! 문제가 생기면 전라도에 가서 고치자고. 한시가 급하니 어서 배를 출발시켜!"

결국 격군들은 하는 수 없이 노를 저어 포구를 나섰다. 그리고 바다 가운데에 이르러 2개의 돛을 높이 걸었다. 그러자 배는 거친 파도를 가르며 쏜살같이 북쪽으로 나아갔다.

문명이 떠난 후, 만재도 천태남과 함께 천천히 포구로 내려와 배를 출발시켰다. 격군이 많이 부족한 탓에 천태남도 이번 공물 진상선에 동행하기로 한 것이다.

"언년아! 걱정 말고, 마님하고 잘 지내고 있어."

천태남이 선창에 서서 손을 흔들며 말하니, 언년이도 웃는 얼굴로 손을 흔들며 대답했다.

"예, 무사히 잘 다녀오시오."

만덕도 두 손을 모으고 바다를 향해 간절히 기도했다.

"용왕님! 제발 우리 식구들이 무사히 다녀오게 해주소서."

그러고는 만재의 배가 아득히 보이지 않을 때까지 지켜보다가 남은 식솔들을 데리고 객주로 돌아갔다.

한데, 그로부터 수삼 일이 지난 뒤였다. 작고 빠른 배 1척이 포구로 들어와 닻을 내리더니, 천태남이 배에서 내려 객주로 급히 달려왔다.

"마님! 문명이 돌아왔습니까?"

▲ 포구의 배들
- 근대 군산항을 찍은 사진으로, 포구에 정
박해 있는 배들의 모습이 잘 나타나 있다.

▶ 감귤 진상 이형상, 〈감귤봉진(柑橘封
進)〉, 《탐라순력도》
- 제주목에서 감귤을 진상하기 위해 차례
대로 검열하고 있다.

▼ 추자도 국립중앙박물관 소장
- 근대 추자도의 민가를 찍은 사진이다.

그 소리에 만덕은 재빨리 방안에서 나와 의아한 표정으로 되물었다.

"돌아오다니요? 육지에서 만나지 못했습니까?"

"예, 전라도에 도착해서 아무리 기다려도 당최 와야 말입죠. 그래서 만재가 저를 먼저 보내 혹시 제주로 돌아갔는지 알아보라고 했습니다."

"아니, 제주에도 안 오고 전라도에도 없다면 대체 어디로 갔단 말입니까?"

"글쎄 말입니다. 아무래도 중간에서 조난당한 게 틀림없나 봅니다. 그날 추자도 근처에서 바람이 갑자기 바뀌는 탓에 우리도 거의 죽을 뻔했거든요. 또 격군들이 말하기를 그날 출발할 때 키가 좀 이상했다고 하더라고요."

《남사록》에 의하면 다른 곳은 바람이 자면 파도도 고요해지지만, 제주 큰 바다는 바람이 없어도 파도가 일어나 배가 기울어지기 때문에 항상 건너기가 어려웠다고 한다. 특히 추자도 근처에서 해난 사고가 자주 일어났던 듯하다. 예컨대 인조 24년(1646) 10월 정의현의 진상선이 추자도에 이르렀을 때, 바람을 만나 침몰하여 공물을 싣고 가던 30여 명이 모두 바다에 빠져 죽었다. 또 숙종 13년(1687) 9월 제주 사람 김태황이 관아로부터 진상마를 받아 출항했는데 추자도 앞에서 바람에 표류하여 30여 일 만에 안남국 회안 땅에 이른 적도 있었다.

"뭐, 뭐라고요?"

만덕은 천태남의 말을 듣고 그만 그 자리에 쓰러지고 말았다. 어물장사 시절에 첫 인연을 맺은 뒤로 만재와 함께 온갖 고생을 하며 객주를 일으켜준 사람, 자신을 제주 최고의 거상으로 만들기 위해 죽음을 마다하지 않고 공물 진상선에 몸을 실었던 사람, 외롭고 힘든 길을 걸어가는 자신에게 은근하면서도 진한 정을 주었던 사람. 문명은 바로 그런 사람이었다. 때문에 그녀에게 문명을 잃는다는 것은 크나큰 충격일 수밖에 없었다.

"마님! 이제 좀 정신이 드세요?"

이튿날 아침 누군가의 목소리에 눈을 떠보니, 머리맡에 언년이와 올케가 나란히 앉아서 걱정스런 눈빛을 하고 있었다. 만덕은 서서히 정신을 차리고 가느다란 목소리로 언년이에게 물었다.

"언년아, 문명은 아직도 돌아오지 않았니?"

"예, 마님."

그러자 만덕은 갑자기 옆으로 돌아눕더니 언년이의 바짓가랑이를 붙잡고 마치 실성한 사람처럼 울부짖기 시작했다.

"엉엉, 나 때문이야. 내 욕심 때문이었다고. 큰돈을 벌어 거상이 되겠다는 내 욕심 때문에……. 흑흑흑."

"아녜요, 마님. 문명은 그저 용왕님이 돌봐주지 않아서 죽었을 뿐이에요."

"문명이 죽었다고? 그 사람이 죽긴 왜 죽어! 문명은 저 바다 어딘가를 헤매고 있을 뿐이라고!"

그러고 나서 만덕은 이불을 젖히고 일어나더니, 궤 속에서 전대들을 꺼내 아무 데나 마구 집어던지며 소리쳤다.

"이게 뭐야! 이깟 돈이 다 뭐냐고! 으흑흑흑."

"마님! 제발 진정하세요. 이럴수록 마음을 더욱 굳게 먹어야죠."

"이깟 돈 필요 없어! 다 필요 없단 말이야!"

이내 만덕은 이부자리에 엎드려 남들이 알아들을 수 없는 말을 계속하면서, 때론 웃기도 하고 때론 울기도 했다.

바른 길을 가지 않은 자의 초라한 말로

초저녁부터 술에 취한 부목한이 연방 큰소리를 지르며 애랑이를 찾았다.

"애랑아! 냉큼 들어오지 못할까!"

이즈음 부목한은 날마다 애랑의 기방에서 술로 세월을 보내고 있었다. 만덕에게 밀려 장사도 망하고, 공물 진상권 경합에서 패한 뒤로는 졸지에 빚더미에 앉았기 때문이다. 게다가 이방을 통해 빌린 관아의 돈도 갚을 길이 없으니 참으로 죽을 지경이었다.

"여우 같은 년! 옛날에는 내가 찾으면 호들갑을 떨면서 버선발로 쫓아오더니, 이젠 빈털터리가 되었다고 불러도 안 온다 이거지."

급기야 부목한은 방문을 향해 술잔을 집어던지며 난동을 피우기 시작했다. 보다 못한 김한태가 다른 손님방에 있는 애랑이를 불러내어 말했다.

"더는 못 참겠다. 네가 들어가서 조용히 타일러 보내라."

"에잇! 정말 귀찮아 죽겠네."

애랑은 방문을 열고 들어가자마자 부목한에게 하소연을 했다.

"어휴, 날마다 대체 왜 이러실까! 이러다간 나까지 굶어 죽게 생겼다고요."

"이년아! 아무리 내가 망해서 빚더미에 앉았다고 너까지 이럴 수 있느냐."

부목한은 방바닥에 놓인 담뱃대를 집어 단숨에 부러뜨린 뒤 자못 비장하게 말했다.

"이 모든 것이 다 그년 만덕이 때문이야! 허나 천하의 부목한, 이대로는 절대 안 죽는다. 두고 봐라! 내 무슨 수를 쓰더라도 다시 일어나 그년을 죽이고야 말 테니깐."

"그래 봐야 헛수고라고요. 만덕이는 이번 공물 진상으로 큰돈을 벌어 어르신을 제치고 명실 공히 제주 최고의 거상이 되었어요. 비록 공물 진상선 1척이 난파되어 손해를 조금 보긴 했어도, 그거야 만덕이한테는 아무것도 아니죠, 뭐."

"으윽, 강여일 이놈! 공물 진상선의 키들을 전부 다 자르라고 말했거늘, 겨우 1척만 잘라가지고서는……. 그렇게 했다면 만덕이 년은 두 번 다시 일어설 수 없었을 텐데."

그 말에 애랑이가 눈을 커다랗게 뜨고 물었다.

"그게 무슨 말씀이세요? 공물 진상선의 키를 자르다니요?"

"아, 아니다! 넌 몰라도 되느니라."

부목한은 뭔가 해서는 안 될 말을 한 것처럼 화들짝 놀라며 입을 굳게 다물었다.

얼마 후 애랑이 옆으로 슬쩍 돌아앉으며 차가운 목소리로 말했다.

"어르신, 앞으로는 저도 혼자서 벌어먹고 살아야 하니 자주 찾아오지 말아주세요."

"허허, 이년 봐라! 언제는 내 밑으로 들어와 전대를 싹싹 털어가더니만, 이젠 꼴도 보기 싫다는 소리냐."

"제가 언제 어르신의 전대를 싹싹 털어갔어요? 아, 그 가체 말입니까? 남의 잡화점에서 강제로 빼앗아주고는 생색은 엄청 내시네. 그까짓 가체 당장 가져가세요."

애랑은 즉시 궤에서 가체를 꺼내 부목한의 무릎 앞으로 획 집어 던졌다.

"이런 버릇없는 년! 사람을 무시해도 유분수지!"

부목한이 버럭 화를 내며 애랑의 뺨을 '짝' 하고 사정없이 내리쳤다.

"아얏! 왜 때려요? 내가 무슨 잘못을 했다고 그러세요? 흑흑흑."

애랑이 큰소리를 지르며 울기 시작하자, 밖에서 지키고 있던 김한태가 문을 열고 들어와 부목한의 멱살을 잡고 말했다.

"술값도 안 내는 주제에 왜 사람을 치고 그러오? 그것이 돈으로 맺은 인연의 말로(末路)라는 걸 여태 몰랐소, 응?"

"뭐야, 이놈아! 기생이나 등쳐먹고 사는 주제에 감히 누굴 가르치려 드는 게야."

"허허! 이 영감이 아직도 정신을 못 차렸군. 그래, 넌 얼마나 잘났기에 평생 남한테 패악만 일삼다가 이 지경이 되었느냐. 머리통을 박살내기 전에 당장 돌아가거라."

김한태는 이렇게 말하고서 부목한을 방문 밖으로 사정없이 밀어냈다.

술에 취한 부목한이 비틀거리며 자신의 점포 안으로 들어가 보니, 집안은 황량할 정도로 텅 비어 있었다. 과거에 창고마다 가득히 쌓여 있던 물건들은 이미 다 사라지고, 지금은 허름한 집체들만 우두커니 서 있었다.

"휴, 게 아무도 없느냐? 왜 사람이 들어와도 기척이 없느냐?"

부목한이 긴 한숨을 내쉬며 식구들을 찾았지만 안거리에서는 별다른 반응이 없고, 밖거리에서 자고 있던 강여일이 한참을 꾸물대다가 문을 열고 나와서 인사를 했다.

"늦으셨습니다, 어르신."

"썩을 놈! 시킨 일도 제대로 못하는 주제에 뭘 잘했다고 초저녁부터 잠을 자고 있느냐!"

"너무합니다, 어르신! 저는 분명 자객으로 가서 만덕에게 상처를 입히고 돌아왔고, 공물 진상선의 키도 잘라서 문명이 조난을 당하도록 만들었습니다. 그런데 시킨 일을 제대로 못했다니요. 참말로 억울합니다."

"시끄럽다, 이놈아! 일을 하려면 제대로 했어야지. 그래서 무슨 소용이 있었느냐? 으윽, 생각할수록 분통이 터진다."

그러고 나서 부목한은 뭔가 작심한 것이 있는 듯 강여일을 보고 말했다.

"냉큼 가서 이방을 좀 불러오너라. 내 긴히 할 얘기가 있다."

"예, 알겠습니다."

강여일이 대문을 나서자, 부목한은 다시 안거리에 대고 소리쳤다.

"이봐, 할멈! 얼른 술상 좀 봐오라고."

하지만 부인은 방문도 열지 않은 채 잔뜩 성난 목소리로 대답했다.

"흥, 술상? 빈털터리 집안에 술상이라고 남아 있을까. 이빨 빠진 호랑이가 뭐 잘났다고 큰소리야, 큰소리는!"

"아니, 이 할망구가……. 내가 이대로 죽을 줄 아는가. 두고 보라고! 머잖아 다시 제주 최고의 거상이란 소릴 들을 테니."

"그래, 어디 한번 두고 봅시다."

부목한은 술상을 포기하고 그냥 밖거리로 들어갔다.

"어르신! 이방 어른을 모셔왔습니다."

얼마 안 있어 강여일이 이방과 함께 방안으로 들어오며 말했다.

"어서 오시오, 이방."

"대체 이 밤중에 무슨 일이오? 지난번에 빌려준 돈은 마련했소?"

"걱정하지 마시오. 곧 갚을 테니까. 내 긴히 할 말이 있으니 어서 이리 좀 앉으시오."

이방은 빌려준 돈 때문에 부른 것이 아님을 알고 몹시 실망한 얼굴로 자리에 앉았다.

"이방! 장사 중에 큰돈을 벌 수 있는 건 역시 외국과의 무역이 아니겠소? 풍랑과 도적만 무릅쓴다면, 한 번쯤 해볼 만한 도박이지요."

"그, 그게 무슨 말이오?"

"들으니 지금 나라에서 새로 화폐를 주조하는데 구리가 많이 부족하다 합디다. 그래, 내 인삼을 갖고 일본으로 건너가 구리와 바꿔올 작정이오. 그럼 단번에 큰돈을 벌 수 있을 겁니다."

당시 일본과의 무역에서는 주로 쌀이나 무명, 인삼 등을 수출하고 구리와 납, 유황, 후추 등을 수입했다. 특히 18세기 이후에는 사무역이 극성을 부렸는데, 심지어 어떤 상인은 바다에서 비밀리에 일본인과 만나 무역을 하기도 했다. 밀무역의 주된 품목은 역시 인삼으로, 조선에서 한 근에 70냥씩 주고 사서 일본으로 건너가 300냥씩 받고 팔았다. 그래서 일부 관아에서는 상인들에게 무역 자금을 대출해주고 나중에 이자를 붙여 받기도 했다.

본디 제주는 위치상 일본, 특히 나가사키나 대마도와 가까운 거리에 있었으므로 어떤 방식으로든 무역이 이루어졌을 것이다. 물론 공무역은 부산의 왜관을 통해야 했으므로 상당히 힘들었겠지만, 생존을 위한 밀무역은 암암리에 많이 이루어졌을 것이다. 특히 당시 제주는 북쪽의 변경 지대처럼 정부의 손길이 미치기가 어려웠기 때문에 밀무역이 많이 이루어졌을 것으로 추정된다.

"아니, 그럼 밀무역을 해보겠다는 소리가 아니오?"

"허허, 걱정할 거 없소이다. 내 이미 개성상인과 연락해서 인삼을 구입하고 구리를 판매할 방도를 알아놨고, 일본인과도 대마도 앞바다에서 신속히 거래하기로 약속해두었소. 허니 어차피 관아의 돈을 몰래 빌려준 김에 6천~7천 냥만 더 빌려주시오. 내 이번에 2배의 이자를 붙여 꼭 갚을 것이오. 또 이방한테는 별도로 진귀한 왜국 선물까지 사다주겠소."

부목한의 제안에 이방은 귀가 솔깃했다. 하지만 여전히 두려운 마음을 떨칠 수 없었는지 자꾸만 머뭇거렸다.

"관아의 돈을 사또 나리의 허락도 없이 계속 빌려주다니. 그러다가 잘못 걸리는 날에는 우리 두 사람 목이 단숨에 날아가거나, 아니면 저기 함경도 땅으로 유배를 당할지도 모르오. 그렇잖아도 올해 흉년이 들어 목사가 육지에서 곡식을 사들이려고 돈을 꼼꼼하게 계산한다 합디다."

"지난번에도 몰래 빼다 썼으니, 어차피 죽기는 매한가지 아니겠소? 이번에는 틀림없이 일을 성사시킬 터이니 한 번만 더 빌려주시오. 정히 빌려주지 않겠다면 기왕에 빌린 돈도 난 모르겠소이다."

부목한이 이렇게 엄포를 놓으며 거의 강압적으로 돈을 빌려달라고 하자, 이방은 한참을 고민하다가 마지못해 허락했다. 돈을 채워 넣을 방법은 오로지 그것밖에 없었기 때문이다.

"휴, 알겠소! 마지막으로 한 번만 더 믿어보리다. 대신 사또께서 아시기 전에 하루라도 빨리 돌려주어야 하오."

"그야 여부가 있겠습니까."

며칠 뒤, 이방은 우선 돈 수백 냥을 말에 실어 보내왔다. 모처럼 큰돈을 손에 쥔 부목한은 과거 천하의 거상이라 떠들고 다니던 때의 마음이 다시 발동했는지, 그중 일부를 집어 들고 애랑의 기방부터 찾아갔다.

"이리 오너라! 이리 오너라!"

"에잇! 빈털터리 영감이 왜 또 오셨을까."

애랑이 이렇게 구시렁거리며 귀찮은 듯이 문을 열어주자, 부목한은 먼저 그녀의 가슴에 돈주머니부터 안겨주며 호기롭게 말했다.

"여기 있다, 이년아! 네가 좋아하는 돈, 돈이다. 어서 가서 너비아니도 굽고, 오메기술[1]도 동이째로 걸러오너라."

"호호호, 이렇게 많은 돈이 갑자기 어디서 났습니까?"

"천하의 거상 부목한이 그대로 죽을 줄 알았느냐. 두고 봐라! 하늘에서 돈벼락이 떨어질 날도 얼마 남지 않았다."

그러고 나서 부목한은 하늘을 쳐다보며 '껄껄껄' 하고 큰소리로 웃었다.

한데 그날이 채 가기도 전에, 목사의 명을 받은 형방이 군노들을 데리고 애랑의 기방에 들이닥쳤다.

"죄인 부목한은 얼른 나와 순순히 오라를 받아라!"

한창 술독과 여색에 빠져 있던 부목한은 그 소리에도 정신을 차

---

1) 조로 빚은 제주의 토속주

▲ **기방 풍속** 작자 미상, 〈기방쟁웅(妓房爭雄)〉, 국립중앙
박물관 소장
- 기방에서 술을 먹고 싸우는 모습이 잘 나타나 있다.

▼ **형벌** 김준근, 〈형벌〉, 덴마크 국립박물관 소장
- 조선 말기 관아에서 형벌을 가하는 모습이다.

리지 못하고 흐리멍덩한 눈으로 형방을 쳐다보며 물었다.

"허허, 내가 죄인이라고? 무슨 죄를 졌는데?"

"그거야 관아에 가보면 알 게 아니냐."

"지은 죄도 없는데 내가 왜 관아에 가냐고, 응?"

부목한은 계속 술주정을 부리며 밖으로 나오지 않으려 했다. 이에 잔뜩 화가 난 형방이 곁에 있는 한 군노에게서 방망이를 빼앗아 들고 직접 방안으로 들어가 그를 마구 때렸다. 그러고는 군노들을 향해 다시 말했다.

"이놈을 당장 묶어서 끌어내라. 말을 듣지 않으면 죽도록 패도 좋다."

"예, 형방 어른."

이윽고 부목한이 군노들에게 이끌려 관아로 들어가니, 어느새 잡혀왔는지 이방과 강여일이 형틀에 묶인 채 피가 낭자할 정도로 곤장을 맞고 있었다.

"에구구, 어머니!"

그럼에도 부목한은 아까 형방한테 맞은 자리를 손으로 감싸며 엄살부터 떨기 시작했다.

"억울합니다, 사또! 형방이 죄도 없는 사람에게 오라를 씌우면서 마구 두들겨 팼습니다요."

"시끄럽다! 도적놈이 매 좀 맞았다고 무슨 엄살이냐!"

"도, 도적이라니요?"

"네놈이 이방하고 짜고는 관아의 돈을 두 차례나 몰래 빼다 쓰지 않았더냐? 그게 도적이 아니고 뭐란 말이냐?"

"아, 아니옵니다. 소인은 돈을 잠깐 빌렸을 뿐입니다요."

"뭣이라고? 저놈이 아직도 정신을 못 차리고 억지 주장을 하다니. 여봐라! 저놈을 당장 형틀에 묶고 바른말을 할 때까지 매우 쳐라."

"예이."

군노들은 부목한을 열십자(十) 모양의 형틀에 묶고 살점이 떨어져나갈 정도로 사정없이 곤장을 내리쳤다.

"아이고, 나 죽네. 큭!"

부목한은 몇 대 맞지도 않고서 금방 기절하고 말았다.

"저놈의 얼굴에 찬물을 끼얹어 정신이 들게 하라!"

목사는 부목한을 깨운 뒤 차분하고 엄정하게 다시 심문했다.

"지난번 만덕의 공물 진상선 1척이 조난당한 것도 너 때문이었지? 네놈이 키를 자르지만 않았어도 그 배는 무사히 바다를 건넜을 게다. 네 말을 직접 듣고 고변한 사람이 있으니, 거짓부렁 말고 이실직고하라."

"누, 누가 고변을?"

부목한이 떨리는 목소리로 물으니, 뜰에 서 있던 김한태가 그에게 다가가 말했다.

"바로 나다!"

"네놈이 끝내 나를! 이 입이 병이로다. 괜히 술 먹고 헛소리를 하는 바람에."

"내 만덕을 대신하여 너를 징벌했을 뿐이니, 너무 원망하지 말아라."

"으윽, 만덕이 그년 내 죽어서도 가만두지 않을 테다!"

하지만 부목한은 역시 만만한 인물이 아니었다. 궁지에 몰린 그는 마침내 목사와도 협상을 벌이려 들었다.

"사또! 드릴 말씀이 있사옵니다."

"뭐냐?"

"제게 마지막으로 한 번만 더 기회를 주신다면, 빌린 돈을 2배의 이자를 쳐서 갚을 뿐 아니라 사또께도 진귀한 왜국 선물을 사다드리겠습니다. 이미 출항 준비까지 마쳤으니, 어떻게든 배만 띄우게 해주옵소서."

"허튼 수작 말아라, 이놈! 흉년이 들어 관아의 살림도 바닥을 보이는데, 그나마 있는 돈까지 날려버리면 제주 백성들은 어떻게 되겠느냐? 게다가 네놈이 그 돈을 갖고 육지로 도망쳐버릴지 누가 알겠느냐?"

목사는 부목한의 말을 단박에 꺾어버린 뒤 군노들을 향해 이렇게 분부했다.

"모든 죄는 이미 밝혀졌으니 더 이상 심문할 것도 없다. 저놈들과 함께 곤장을 쳐서 감옥에 가두었다가, 장차 한양으로 압송하도록 하여라. 또 저놈들의 재산은 모두 몰수하고, 식구들도 관노비로 만들도록 하라."

"예이."

군노들은 부목한에게 또다시 곤장을 때린 뒤 이방, 강여일과 함께 감옥에 가두었다.

바다와 관련한 제주의 민속 신앙

예로부터 제주 해역은 물길이 사납고 큰바다의 길목에 있어서 해난사고가 자주 일어났다. 향토사학자 김정호의 조사에 따르면, 기록에 남아 있는 조선시대 해난사고만도 무려 30여 건이 넘는다고 한다. 특히 11월~2월 사이에 육지로 배를 띄운다는 건 크나큰 모험이었다. 그래서일까? 일찍부터 제주에는 바다와 관련한 민속 신앙이 발달해 있었다. 우선 최부의《표해록》에 의하면, 당시 뭍에서 제주를 향해 가는 사람은 너나없이 광주의 무등산신이나 나주의 금성산신에게 제사를 지냈다고 한다. 그리고 제주에서 육지로 가는 사람은 광양이나 차귀, 천외, 초춘 등의 신사에 제사를 지냈다.《남사록》에도 '제주에는 포구마다 사당이 있는데 뱃사람들이 그곳에서 순풍을 빌었다' 라고 나와 있다. 나아가 1819년에는 제주목사 한상묵이 아예 화북포구에 해신사(海神祠)를 지어놓고 관아의 배가 떠날 때마다 제사 지내는 것을 관행으로 삼았으며, 정월 대보름에는 별도로 큰 제사를 지내기도 했다.

한편《남사록》에 따르면, 제주 사람들은 특히 2월을 연등절(燃燈節)이라 하여 정월 28일부터 마을 안에서 쌀을 걷어 2월 5일까지 연등신에게 제사를 지냈다고 한다. 그 모습은 대강 이러했다. 매년 정월 그믐에 바람이 서해상으로부터 불어오면 타방지신(他方之神)이 오셨다면서 여러 무당을 모아 야제(野祭)를 지내는데, 밤낮을 쉬지 않고 집집마다 돌아다녔다. 그리고 2월 상순이 되면 돛대를 갖춘 배 모양을 만들어 포구에 띄우면서 '송신(送神)' 이라 말했다. 이때 바람이 동북쪽에서 불어오면 타방지신이 가셨다고 했다. 또한 2월 초하루부터 보름까지는 바람이 고르지 않기 때문에 절대로 배를 띄우지 않았다. 오직 진상하는 배만 민속의 금기에도 불구하고 출항을 했는데, 파선하는 경우도 적지 않았다고 한다.

만덕, 널리 덕을 베풀다

최악의 기근

문명을 잃은 뒤로 만덕의 생활은 눈에 띄게 달라졌다. 만사에 흥미를 잃고 방안에서 혼자 있기를 좋아했으며, 때때로 바닷가에 나가 한없이 바다만 쳐다보곤 했다. 게다가 나이가 벌써 50대 중반을 넘긴 노인이 되어서인지 장사나 살림살이 등 모든 일을 귀찮아했고, 심지어 객주의 운영권마저도 만재에게 넘겨줬다.

이날도 만덕은 바닷가에 나가 넋을 잃고 앉아 〈이어도가〉를 부르고 있었다.

이어도하라 이어도하라(이어도여 이어도여)

이어 이어 이어도하라(이어 이어 이어도여)

이어 하멘 나 눈물 난다(이어 소리만 들어도 나 눈물 난다)

이어 말은 말낭근 가라(이어 소리는 말고서 가라)

한마디로 '이어' 소리만 들어도 눈물이 나오니, '이어' 소릴랑 아예 하지도 말라는 것이다.

본래 이어도는 남제주군 마라도에서 서남쪽으로 152㎞ 떨어진 수중섬인데, 예부터 제주 사람들은 이어도를 전설의 섬, 피안의 섬으로 인식해왔다. 바다에 나갔다가 목숨을 잃은 사람이 그 섬에서 편히 살고 있을 거라고 생각한 것이다. 그렇게 해서 산 사람은 마음에 위안을 얻거나 그가 언젠가는 돌아올지도 모른다는 희망을 갖곤 했다.

만덕이 슬프고 구성진 가락으로 〈이어도가〉를 부르고 있을 때, 언년이가 뒤에서 다가오며 걱정스런 얼굴로 물었다.

"마님! 그러다가 망부석 되겠어요. 대체 왜 이러세요? 요새는 식사도 통 안 하시고. 어서 가서 점심 드세요."

하지만 만덕은 여전히 먼 바다만 쳐다보며 긴 한숨을 내쉬었다.

"휴, 언년아. 아무래도 내가 세상을 잘못 산 것 같네."

"그게 무슨 말씀이세요? 마님같이 성공한 분이 세상을 잘못 살다니요?"

"아니! 난 돈만 좇는 삶을 살았어. 큰돈을 벌어 제주 최고의 거상이 되겠다는 일념으로만."

그러면서 만덕은 동생의 혼례식 때, 한 나이든 친척이 했던 말을 혼잣말처럼 되뇌었다.

"진정한 거상이란 큰돈을 번다고 되는 게 아닌데!"

그 말에 언년이가 의아한 표정을 지으며 물었다.

"큰돈을 벌어 거상이 되는 게 뭐가 잘못입니까? 그럼 대체 어떻게 살아야 한단 말예요?"

"더불어 살아야지! 주위 사람도 돌아보고, 인생 그 자체를 즐기

193

만덕, 널리 덕을 베풀다

면서."

만덕과 거의 한평생을 함께 살아온 언년이가 그 말이 무슨 뜻인지 모를 리 없었다. 하지만 만덕에게 조금이라도 위안을 주기 위해 억지로 웃으면서 이렇게 말했다.

"호호호. 그래요, 마님! 앞으로는 그렇게 살면 되잖아요. 뭘 그리 복잡하게 생각하십니까?"

그러고는 만덕의 어깨를 잡아 일으키면서 다시 말했다.

"자, 그만 일어나세요. 어서 가서 점심이나 먹자고요."

객주로 돌아오던 도중에 언년이는 지나가는 말처럼 부목한의 소식을 들려주었다.

"마님! 그 소식 들으셨어요? 부목한이 이방하고 관아의 돈을 함부로 빼내 쓰다가 곤장을 맞고 한양으로 압송되어 갔대요. 틀림없이 함경도로 유배를 갈 거라던데요. 평생 마님을 괴롭히더니만 정말 잘됐지 뭡니까."

"글쎄, 그 어른도 어찌 보면 불쌍한 사람이지."

"예? 불쌍하다니요."

"그 어른도 나처럼 덧없는 세상을 살았거든. 돈과 명예만을 좇는 인생을 말이야."

"마님도 참. 요새는 왜 자꾸 부처님 같은 소리만 하실까. 옛날하고는 완전히 달라졌다니까."

두 사람이 객주에 거의 다다랐을 무렵, 한 여인이 아이를 품에 안고 길에 앉아 구걸을 하고 있었다.

"인자하신 부인님네들! 불쌍한 우리 아이를 봐서라도 제발 먹을 것 좀 주세요."

가만히 살펴보니, 그 여자는 부황이 난 얼굴에 거의 헐벗은 채였다.

"쯧쯧! 이 여편네야. 밥을 얻어먹으려면 그릇을 들고 집집마다 돌아다녀야지, 여기 앉아 있으면 누가 밥을 갖다주나?"

언년이가 불쌍해서 이렇게 말하니, 그 여인은 끝내 눈물을 흘리며 대답했다.

"흉년이 계속 들어 굶기를 밥 먹듯이 하다 보니, 이젠 돌아다닐 힘도 없어요."

"하긴……."

앞에서도 말했듯이 제주는 토질이 척박하고 농사지을 땅이 적었기 때문에 여느 지역에 비해 자주 기근에 시달렸다. 특히 정조 16년(1792)부터 19년까지는 그야말로 최악의 흉년이 계속되었다. 정조 16년 가을에는 전례 없는 흉년이 들어 굶어 죽은 사람이 수천 명이었고, 정조 17년 8월에는 태풍으로 정의와 대정 두 고을이 발가벗겨지고 말았다. 또 정조 18년 8월에도 큰바람과 해수가 몰아쳐 제주의 모든 곡식이 절단나 버렸다. 그래서 이해 9월 17일에 전 제주목사 심낙수는 이러한 장계(狀啓)를 올렸다.

올해 세 고을의 농사는 간간이 단비를 만나 크게 풍년이 들 희망이 있었습니다. 그런데 뜻하지 않게 8월 27일과 28일에 동풍이 강하게 불어 기와가 날아가고, 돌이 굴러가 나부끼는 것이 마치 나뭇잎이 날리는 것 같았습니다. 곡식이 짓밟히고 피해를 입은 것 외에도, 바다의 짠물이 날아와 마치 소금에 김치를 절인 것과 같았습니다. 80~90세 되는 노인들이 모두 이르기를, 지난 계사년(숙종 39년)에 이런 재앙이 있었는데 올해 또 이런 재앙이 있다고들 했습니다.

대정과 정의의 피해가 더욱 심한데, 섬 안의 각 면과 리를 좀 낫거나 못한 등급으로 나눌 수가 없으니, 이같이 큰 흉년은 고금에 드문 것입니다. 지금은 여름철에 보리가 조금 풍년이 든 덕분에 굶주림은 면할 수 있으나, 10월 이후에는 장차 조정에 바랄 수밖에 없습니다. 만약 쌀로 쳐서 2만여 섬을 배에 실어 보내지 않는다면 백성들은 머지않아 다 죽을 것입니다. 곧바로 묘당에 명하여 제때에 조처하게 하여 10월 안으로 6천~7천 섬을 먼저 들여보내고, 나머지 1만여 섬은 정월부터 계속 도착하게 한 연후에야 굶어 죽는 것을 서서 바라보는 데 이르지 않을 것입니다.

그러자 정조 임금은 매우 걱정하면서 하루라도 빨리 제주에 곡식을 실어 보내도록 지시했다.

호남 연안의 고을들도 가뭄과 강풍의 재변으로 인한 피해가 심하다. 백성들의 황급함이 눈앞에 어른거리는 듯하고, 오로지 이 생각이 마음에 걸려 자나 깨나 맺혀 있는 듯하다. 어젯밤에 제주목사가 곡식을 청한 장계를 보았는데, 섬 안에서 피해를 입은 것을 어찌 불쌍하고 가엾이 여기지 않을 수 있겠는가? 수만 명의 생명을 구원하고 살려주는 것이 모두 배로 곡식을 실어다 주는 일에 달려 있다. 영중추부사 채제공이 얘기한 '이것을 얻으면 살고 얻지 못하면 죽는다'고 한 것이 진실로 맞는 말이로다. 육지의 백성들은 그래도 옮겨갈 수 있는 길이 있다. 하지만 섬사람들은 곡식이 없으면 어떻게 살 수 있겠는가? 그러니 섬 백성들을 구원하는 것이 더욱 급하다. 우의정 이병모가 아뢴 대

▲ 구휼
- 제주시 건입동 모충사의 김만덕 기념관에 전시해놓은 그림으로 만덕의 구휼 모습을 사실적으로 재현한 것이다.

▶ 궁핍한 백성들
- 근대 제주의 화전민을 찍은 사진인데, 동물의 가죽으로 옷을 해 입어 추위를 막았다.

로 전라감사에게 분부하여 먼저 곡식을 나누어 새 목사인 이우현에게 주어 운반선을 통솔하고 들어가게 하라.

그러나 만덕이 구걸하는 여인을 만났던 정조 19년(1795) 윤 2월, 엎친 데 덮친 격으로 진휼곡 5천 석을 실은 배 12척 중 5척이 바다를 건너오다가 난파되고 말았다. 한마디로 제주는 최악의 상황으로 치달아가고 있었다. 《정조실록》 20년 정월 15일조에 의하면, 이때 제주도민의 1/3이 굶어 죽었다고 한다. 1794년 겨울에 제주 인구는 62,698명이었으나 1795년 겨울에는 47,735명으로, 1년 만에 무려 17,963명이 굶어 죽었던 것이다.

당시 제주도민의 실상에 대해서는 오늘날까지 남아 있는 자료가 거의 없지만, 비슷한 시기인 1764년 의금부 도사로 제주를 다녀간 신광수의 〈제주도 거지(濟州乞者歌)〉를 통해 충분히 유추해볼 수 있다. 역시 임형택 선생의 번역에 힘입어 그 일부를 살펴보자.

白頭蠻家女　　새하얀 머리의 섬 여자들
焦髮蠻家兒　　푸석한 머리의 섬 아이들
蠻蠻爲群十數人　옹기종기 떼를 지은 수십 명의 거렁뱅이
皆着半鞹黃狗皮　하나같이 옷도 못 해 입고 털 빠진 개가죽 둘러썼네.
一身枯黑皮粘骨　검게 타서 여윈 살갗 뼛골에 달라붙고
飢不成音細如絲　목소리도 배고픔에 실낱같이 가느다랗게
口稱使道活人生　"사또님 사또님 불쌍한 인생 살려주옵소서."
乞飯公庭日三時　관아 문전 앞에서 하루 세 때 구걸을 하는데
赤棍牌頭嗔如雷　곤장 든 패두(사령) 놈 벼락같이 소리치며

曳出門外鳴聲悲	대문 밖으로 끌어내니 부르짖는 소리 애달파라.
我叱牌頭且莫禁	나는 패두를 꾸짖어 혼금하지 말라 이르고
放使近前而問之	그네들 가까이 불러 사정을 물어보니
海島土薄頻歲荒	"이 땅은 토박한 섬이라 흉년이 자주 드는데
牛馬少者多流離	마소를 가진 이들 허다히 유리하여
經冬入春半仆死	겨울 지나고 봄이 오면 반이나 기진하여 죽어가고
未死惟苦腹中饑	간신히 살아남은 사람들 주린 배 움켜쥐고 있사와요."
我聞此語不忍食	이런 이야기 듣고서야 혼자 배부를 수 있으랴.
片肉餘飯每均施	나는 편육이며 남은 밥을 골고루 나누어주었노라.

이처럼 정조 19년 춘궁기에 이루어진 만덕의 구휼사업은 1만 8천여 명이 굶어 죽어갈 정도로 제주도민이 최악의 상황에 처했을 때 행해진 것이었다.

만덕은 언년이와 함께 그 여인을 부축하여 객주로 데려가 점심을 먹였다. 그리고 여인이 기운을 조금 차린 듯하자 마루에 앉혀놓고 잠시 세상 돌아가는 얘기를 나누었다.

"요새 댁처럼 얻어먹는 사람들이 많소?"

"아이고, 많다뿐이겠습니까. 그나마 저는 나은 편이죠. 큰 흉년이 연달아 들다 보니 거리마다 굶어 죽은 시신들이 산더미처럼 쌓여 있고, 조금이라도 돈 있는 사람들은 배를 구해 육지로 달아나고 있습니다. 이러다가는 머잖아 섬 전체가 텅 비고 말 겁니다요."

"사또께선 대체 뭘 하고 계시기에……."

"사또라고 별수 있겠습니까요. 환곡으로도 소용없고 진휼곡도 부족한 판국에, 곡식을 싣고 오던 배가 중간에서 일부 난파되어 버렸으니, 원!"

여인은 입술이 타는지 혀를 내밀어 침을 바르고 말을 이었다.

"오죽했으면 지금 섬 안의 부호들까지 나서서 구휼을 하고 있겠습니까요."

"아니, 대체 누가 그리하고 있단 말이오?"

"소문을 들으니, 전 현감 고한록은 곡식 300석을 사들여 진휼곡에 보탰고, 장교(將校) 홍삼필과 유학(幼學) 양성범은 각각 100석씩 내놓았다고 합디다."[1]

"허허! 지금 제주에서는 곡식 한 알이 돈 천금과 맞먹는 시절인데, 참으로 가상하기가 이를 데 없구나."

이윽고 만덕은 그 여인의 손에 돈을 약간 쥐어주며 말했다.

"예부터 옷 입은 거지는 얻어먹어도 헐벗은 거지는 굶어 죽는다합디다. 몇 푼 안 되지만, 이 돈을 가지고 가서 옷부터 사 입구려."

"고맙습니다요, 마님!"

남에게 베푸는 것도 상도

그날 밤 만덕은 밤새도록 등불을 켜고 앉아 생각에 잠겼다.

'수십 년 동안 고생해서 모은 재산인데, 이걸 그냥 흩어야만 하

---

1) 《정조실록》 19년(1795) 5월 11일조에 의하면, 이해 정월부터 진휼을 시작하여 5월에 이르러 마쳤는데 이들도 얼마간 곡식을 내어 진휼곡에 보탰다고 한다.

나? 동생 내외도 가만있지 않을 텐데.'

'휴, 그렇다고 재물을 쌓아두기만 하면 무슨 소용인가. 재물이란 본디 하늘이 내린 것이니, 남에게 베푸는 것도 하나의 상도(商道)이리라.'

'그래, 이젠 곳간을 열 때가 되었나 보다!'

처음에는 복잡하기만 하던 머릿속이 마음을 비우자 점점 개운해졌다.

"꼬끼오 꼬꼬!"

어느새 날이 샜는지 마당에서 닭울음소리가 들려왔다. 얼마 후 만재 내외가 아침을 준비하러 나가는 듯 윗방에서 문 여는 소리가 들려왔다.

"만재야!"

"예, 누님. 벌써 일어나셨어요?"

"응, 잠깐만 네 처랑 같이 들어오너라. 내 긴히 상의할 일이 있어서 그런다."

만재는 아내와 함께 안방으로 들어가 긴 하품을 하면서 물었다.

"아흠, 식전부터 뭘 상의하려고요?"

"두 사람도 이미 들어서 알고 있겠지? 요새 계속된 흉년으로 많은 사람들이 굶어 죽어간다더라."

"예, 저도 알고 있어요. 근데 그건 왜요?"

"만재야! 돈을 마냥 벌어서 뭐하겠니? 바로 이럴 때 써야지. 내 재산 중에 여생을 지탱할 것만 남기고, 나머지는 모두 풀어서 저들을 구하는 데 쓰고 싶다."

그 말에 만재 처는 놀라서 입을 다물 줄 몰랐고, 만재는 몸을 앞으로 내밀고 목청을 돋우며 되물었다.

"아니, 도대체 그게 말이나 되는 소리요? 누님이 그 돈을 어떻게 모았습니까? 남한테 돈밖에 모르는 억척스런 여인네라고 손가락질까지 당하며 모은 돈이 아닙니까? 그렇게 모은 재산을 이제 와서 저들한테 고스란히 다 갖다주자고요? 지금 제정신으로 하는 말입니까?"

만재의 말이 끝나니, 그 처도 불만이 많은 듯 입을 뾰로통하게 내밀고 말했다.

"맞아요, 형님! 고생 끝에 수천 금의 재산을 모았거늘, 이젠 대궐 같은 집을 지어 실컷 호강하며 살아야지 그걸 남에게 그냥 베풀다니요. 형님은 고생한 게 억울하지도 않습니까?"

하지만 만덕은 허리를 꼿꼿이 세우고 앉아 매우 단호한 어조로 대답했다.

"아니다! 내 재산은 결국 제주 사람들 덕분에 모은 것이니, 이제 저들에게 돌려주는 게 당연하다. 그리고 저들이 다 죽어가고 있는데 내가 천만금의 재산을 가진들 무슨 소용이 있으며, 또 그걸 어디에다 쓰겠느냐."

"누님!"

만재는 답답한 마음에 눈물을 글썽이며 말했다. 이에 만덕이 그에게 다가가 양손을 마주잡고 조용히 타일렀다.

"만재야! 문명을 잃은 뒤로 나는 참 많은 것을 깨달았다. 특히 돈만을 좇는 인생을 살아서는 안 된다는 걸 뼈저리게 느꼈지. 또 진정한 거상이 무엇인지도 이제야 알았다. 그건 바로 남에게 베풀 줄 아는 사람이야! 내 말 무슨 뜻인지 알겠니?"

"예, 누님."

만재의 기분이 조금 풀린 듯하자, 만덕은 궤에서 자신의 재산 수천 금을 모두 꺼내주며 말했다.

"이 돈을 가지고 육지에 가서 전부 곡식으로 바꿔오너라. 곡물이 많이 나는 전라도 나주나 무안, 강진, 해남 등지로 가면 조금이라도 더 많이 바꿔올 수 있을 게다. 하루라도 빨리 다녀와야 하느니라."

"예, 바람이 맞으면 당장 오늘이라도 배를 띄우겠소."

우릴 살린 이는 만덕이로다

좋은 일에는 하늘도 돕는다고 했던가. 곡식을 사러 갔던 배들은 무사히 때를 맞춰 돌아왔다. 만덕은 다시 동생을 불러 말했다.

"이 곡식 가운데 십분의 일을 덜어 먼저 친척들에게 나눠주고, 그 나머지는 모두 마소에 싣고 나를 따라오너라."

"왜 친척들을 먼저 살리려 하십니까? 더 급한 사람들도 많은데."

"자기 친척도 살리지 못한 주제에 어찌 남을 살릴 수 있겠니? 그러니 군소리 말고, 우선 친척들부터 살리도록 하여라."[2]

그런 다음 만덕은 집안사람들을 모두 동원하여 나머지 곡식을 마소에 나눠 싣고 향청의 우두머리인 오 좌수를 찾아갔다. 흉년이 들어 구호미를 나눠주는 것은 향청의 소관이었기 때문이다.

---

2) 조선시대에는 백성들이 자발적으로 구휼할 경우 먼저 자기 가족과 친척들을 살리고, 그 나머지로 이웃과 마을 사람들을 살리도록 했다.

"아니, 이게 누구야! 화북객주의 주인장 아닌가. 어서 오게나."

만덕이 관아 안의 향청으로 들어가니, 오 좌수가 대청까지 마중 나와 반갑게 맞아주었다. 어느덧 만덕도 노인이 되어서인지, 오 좌수는 이전처럼 그녀에게 하대하지 않고 약간의 존댓말을 썼다. 과연 그는 인품이 훌륭한 사람이었던 것이다.

"예, 어르신! 그간 무고하셨지요?"

"그럼, 나야 잘 지내고 있지. 한데 자네가 여기까지 웬일인가?"

"여태까지 모은 재산을 털어 구호미를 좀 사왔습니다."

만덕은 아무런 일도 아니라는 듯이 태연하게 대답했다. 하지만 오 좌수는 그 말을 듣자마자 깜짝 놀라 만덕의 얼굴을 뚫어지게 쳐다보며 되물었다.

"아니, 자네 지금 뭐라고 했는가? 전 재산을 털어서 구호미를 사왔다고? 평생 동안 악착같이 모은 재산을 어떻게 한순간에 그럴 수 있단 말인가?"

"재물을 모을 줄만 알면 뭐하겠습니까? 마땅히 남에게 베풀 줄도 알아야지요."

그 말에 오 좌수는 고개를 끄덕이며 큰소리로 만덕의 후덕함을 치하했다.

"암, 그래야지! 요즘처럼 힘들 때 어떻게 그런 생각을 다 했는가. 참으로 대단하네. 공염불만 늘어놓는 벼슬아치보다 훨씬 나아."

"어르신도 참! 부끄럽습니다."

만덕은 끝으로 오 좌수에게 이렇게 간절히 부탁했다.

"부디 저의 뜻을 잘 살려 굶주린 사람들에게 구호미가 골고루 돌아가도록 각별히 단속해주십시오."

"그건 전혀 걱정하지 말게나. 내 최선을 다해 골고루 나눠주도록 하겠네."

오 좌수는 즉시 휘하에 있는 세 별감을 불러 엄정하게 지시했다.

"구휼에도 원칙이 있는 법이다! 먼저 환과고독(鰥寡孤獨)[3]과 폐질자[4]처럼 의탁할 곳이 없고 도움이 시급한 사람들을 골라내어, 그들을 우선적으로 구휼하도록 하라. 그리고 오랫동안 굶주린 자들이 갑자기 음식을 먹으면 탈이 나기 마련이니, 처음에는 죽을 쑤어 요기를 하게 한 다음 어른과 아이로 각각 구분하여 곡식을 나눠주도록 하라."

"예, 분부대로 거행하겠습니다."

얼마 안 있어 굶주린 사람들이 자기 동네의 우두머리인 풍헌(風憲)을 따라 관아로 구름처럼 몰려왔다. 남녀노소 할 것 없이 서로 손에 손을 잡고 무리지어 몰려왔다.

"와, 이제야 우리가 살 길이 트였구나!"

"그래요, 오늘만이 아니라 보리를 수확할 때까지 계속 곡식을 나눠준대요."

오 좌수는 미리 계획했던 대로 관아 앞에 큰솥을 걸어놓고 죽을 쑤어 한 사람씩 나눠주도록 했다. 그러고 나서 구휼이 시급한 자와 그렇지 않은 자, 어른과 아이로 각각 나누어 곡식을 공평하게 나눠주었다.

"저 많은 곡식이 대체 어디서 났을꼬? 관가의 곡식은 이미 바닥 났다고 들었는데 말이야."

---

3) 홀아비, 과부, 고아, 자식 없는 노인

4) 장애인

"글쎄, 그거 참 이상하네."

죽으로 허기를 달랜 백성들이 다시 곡식을 받아가기 위해 길게 줄을 서서 기다리며 궁금한 듯 말했다. 그러자 관아 앞에서 구휼을 감독하고 있던 오 좌수가 흐뭇한 표정을 지으며 대답해주었다.

"허허, 어디서 나긴 이 사람들아! 제주에서 이 많은 곡식을 베풀 수 있는 사람이 만덕밖에 더 있겠는가."

"예? 만덕이요?"

"그래, 만덕이 여태까지 모은 전 재산을 털어 육지에서 직접 구휼미를 사다가 자네들한테 나눠주라고 했다네."

그 말에 백성들이 일제히 감탄하며 만덕의 은혜를 칭송하기 시작했다.

"와, 우릴 살린 이는 만덕이로다!"

"그렇게 악착같이 돈을 벌어서 어디다 쓸까 했는데, 설마 우릴 위해 쓸 줄이야 누가 알았겠어?"

"글쎄 말이오. 버는 것도 통 크게 벌더니만, 쓰는 것도 통 크게 쓰는구나."

"하여간 만덕(萬德)이란 이름 그대로 널리 덕을 베푸는구나."

조선시대에는 어느 지역에 흉년이 들면 먼저 환곡을 풀어 백성들을 구했다. 환곡이란 흉년에 곡식을 나눠줬다가 이듬해 추수를 한 뒤에 이자를 붙여 다시 갚도록 한 제도였다. 하지만 상황이 심각해져 환곡으로도 감당할 수 없을 경우에는 해당 지방관이 왕에게 특별히 진휼곡을 요청했다. 진휼곡에는 쌀이나 보리, 조 같은 곡식만이 아니라 감자 등의 구황식품과 소금이나 간장도 포함되어 있었다. 나아가 진휼곡으로도 부족할 경우에는 앞의 고한록이나 홍삼필, 양성범 등처럼 지방 유지들에게 얼마씩 곡식을 기부하도록 독려했다.

그렇다면 당시 만덕의 기부 규모는 어떠했을까? 이에 대해서도 자료가 부족하여 현재로서는 정확히 알 수 없는 형편이다. 많은 사람들이 당시 만덕이 곡식 500석을 사들여 50석은 친척들에게 나눠주고 450석은 관아에 바쳤다고 말하지만, 이는 명확한 근거가 있는 주장은 아니다. 채제공의 〈만덕전〉에 만덕이 천금을 내놓아 육지에서 쌀을 사들여, 그중 십분의 일로는 친척들을 살리고 나머지는 모두 관아에 바쳤다고 나와 있을 뿐이다. 또 《정조실록》에도 만덕이 재물을 풀어 굶주린 백성들의 목숨을 구했다고만 기록되어 있다. 그렇다고 하더라도 우리는 이 시기 제주의 곡식 100석은 육지의 천석과 맞먹었다는 사실만은 분명히 기억해둘 필요가 있다.

마침내 모든 진휼이 끝나고 백성들도 어느 정도 기근에서 벗어나자, 목사는 이 사실을 조정에 보고했다. 아울러 이번 진휼에 공로가 많은 자들을 명부에 기록해 올렸다. 그런데 앞의 고한록이나 홍삼필, 양성범 등의 기부 사실은 제대로 알려 포상까지 받도록 했으나, 정작 그들보다 낮은 신분에서 훨씬 많은 양을 기부한 만덕의 선행은 웬일인지 명부에서 빼고 알리지 않았다. 《정조실록》19년 5월 11일 조를 보면, 고한록은 특별히 대정현감으로 임명했다가 후에 군수의 경력을 쌓도록 했고, 홍삼필과 양성범은 순장(巡將)으로 승진을 시켰다고 기록되어 있다. 하지만 만덕의 기부 사실과 포상 내용은 어디에도 실려 있지 않다.

이들 가운데 고한록은 과거에도 문제가 있었던 인물이다. 정조 17년 5월, 제주목사 이철운은 고한록이 곡식 500석을 바쳐 진휼에 보탰다고 보고한다. 그러자 이를 매우 가상히 여긴 임금이 그를 고을의 수령으로 삼도록 지시한다. 그러나《정조실록》17년 11월 11일조를 보면, 당시 고한록은 쌀 60석과 조 60석을 바쳤을 뿐인데 무려 500석으로 부풀려서 보고한 것을 알 수 있다. 이에 임금은 제주목사를 파직시키고, 고한록에 대한 포상도 시행하지 못하게 했다.

하루는 백성들이 오일장에 나왔다가 그 소식을 듣고 서로 분개하여 말했다.

"그 말 들었소? 사또께서 이번 진휼에 공로가 많은 사람들을 조정에 보고하면서, 만덕의 이름만 쏙 뺐다고 합디다."

"뭐라고요? 우릴 제일 많이, 그것도 가장 어려울 때 도와준 이가 만덕이거늘, 어째서 그 할망을 뺐다는 게야."

"그래, 맞아. 제주 백성들을 무시해도 유분수지, 당장 관아에 가서 따집시다."

"옳소! 갑시다! 가서 따집시다!"

백성들은 즉시 관으로 몰려가 목사가 있는 동헌을 향해 거세게 항의했다.

"사또! 세상에 이런 법이 어디 있습니까?"

"구휼미를 적게 낸 사람은 조정에 알려 벼슬까지 받게 하고, 많이 낸 사람은 애당초 알리지도 않다니요?"

"이건 해도 너무합니다요, 사또!"

오 좌수도 역시 그 소식을 듣고 분노하여 목사를 직접 찾아가 강력히 따졌다.

"사또! 저들은 양반이자 남정네요, 만덕은 상민이자 여인네라 해서 그리 조치하신 겁니까? 백성을 다스리는 목민관은 만사를 공정히 처리한다고 들었습니다."

"아니, 그게 아니오!"

목사는 당황하여 이렇게 대답하고는 만덕의 선행을 조정에 알리지 않은 이유를 자세히 들려주었다.

"내 일찍이 한양에 있을 때 어떤 사람이 찾아와 말하기를, 만덕은 관기 시절부터 성품이 음흉하고 인색해서 오로지 돈만을 좇아 제주 최고의 부자가 되었다고 합디다. 심지어는 남자들이 입고 있는 바지저고리마저 빼앗아, 집안에 남자 옷이 수백 벌이나 된다고 하더군요. 어디 그뿐이겠소! 형제들 가운데 음식을 구하는 이가 있어도 결코 돌아본 적이 없었다고 합디다. 그래 만덕의 평소 품행이 의심스러워 조정에 알리지 않았던 것이오."

이 말은 사실 전 목사 심낙수의 아들 심노숭이 한 것인데, 그는 지난날 아버지를 찾아 제주에 잠깐 놀러왔을 때 만덕의 얘기를 들었다고 한다. 하지만 심노숭의 말에는 적잖은 모순이 있다. 우선 당시 육지 관리들은 제주 관기에 대해 이중적인 태도를 갖고 있었다. 제주에 왔을 때는 항상 그들을 옆에 끼고 살다가, 육지로 돌아가면 억척스럽고 돈만 밝히는 것들이라고 욕을 했던 것이다. 이는 창기의 집에서 자고 나온 사내가 아침에 집으로 돌아가 아내한테 하는 말과 같다고 하겠다. 또 만덕이 남자들의 바지저고리마저 빼앗았다는 말도 사실은 〈배비장전〉이란 고소설에도 나오듯이 육지 관리들이 제주 기녀들한테 상투적으로 하는 말이었다. 그리고 만덕이 형제들 가운데 음식을 구하는 이가 있어도 결코 돌아보지 않았다고 했는데, 그런 이가 어째서 구휼할 때는 곡식의 십분의 일을 덜어내 친척들부터 먼저 살렸겠는가.

209

만덕, 널리 덕을 베풀다

撰巖蔡相國七十歲真

己酉
上命賤臣昌倫以四小年之登書喬聖樵和謀
歲辛高張之張詩永必臘儀之地今命謹幾氣花其嗚
悲雲詩李命墓近書西歟沈宣臾
撰爲七十三歲臾書

▲ 채제공 이명기, 〈채제공상〉, 대영박물관 소장
- 정조 시대의 명재상 채제공의 초상화이다.

▶ 조천포구 이형상, 〈조천조점(朝天操點)〉, 《탐라순력도》
- 조천포구의 옛 모습이다. 만덕도 이곳을 통해 상경했을 것으로 추정된다.

이 밖에도 심노숭이 만덕을 비판한 것은 후에 〈만덕전〉을 써준 채제공과 서로 당파가 달랐기 때문이기도 하다. 심노숭은 소론, 채제공은 남인 개혁파였던 것이다.

이러한 내막을 목사에게 자세히 들려준 오 좌수는 마지막으로 씁쓸하게 웃으며 이렇게 말했다.

"허허! 사또께서는 하필 만덕을 시기하는 사람의 말을 들으셨군요. 아니면 겉만 보고 속은 보지 못한 사람이거나. 사또께서도 아시다시피 무릇 재산이란 억척스럽지 않으면 모을 수 없는 법이고, 애써 모은 재산을 서슴없이 남에게 베풀기란 결코 쉬운 일이 아닙니다. 이 점을 유념하여 주소서."

그 말에 목사는 비로소 무슨 뜻인지 알겠다는 듯이 고개를 끄덕이며 대답했다.

"허허, 듣고 보니 그 말이 맞는 것 같구려. 알겠소! 오 좌수와 백성들의 말에 따라 만덕의 선행을 기록해 다시 조정에 올리겠소."

제주의 여인, 바다를 건너다

제주목사는 만덕이 구휼한 지 1년이 지난 뒤에야 그 사실을 조정에 알렸다. 《정조실록》 20년 11월 25일조에는 이렇게 기록되어 있다.

제주의 기생 만덕이 재물을 풀어서 굶주린 백성들의 목숨을 구했다는 목사의 보고가 있었다. 이에 상을 주려고 하자, 만덕은 사양하면서 바다를 건너 상경하여 금강산을 유람하기를 원했다. 허락해주고 나서 각 고을들로 하여금 양식을 지급하게 했다.

정조 임금은 만덕의 구휼을 매우 아름답게 여기고 목사에게 이렇게 분부했다.

"조선의 여자로서 거상이 된 것도 기특하지만, 평생 동안 애써 모은 재산을 선뜻 내놓아 수천의 굶주린 백성들을 구한 건 더욱 기특하도다. 만일 그에게 소원이 있다면 쉽고 어렵고를 따지지 말고 특별히 들어주도록 하라!"

정조는 만덕이 여자였기 때문에 고을 현감이나 군 장교 같은 벼슬을 줄 수가 없어 불가피하게 이런 분부를 내린 것이었다.

이에 목사가 만덕을 관아로 불러 임금의 분부를 전한 뒤 이렇게 물었다.

"만덕아! 네 소원이 무엇이냐?"

"제주 사람들 덕분에 벌었던 돈, 제주 사람들에게 다시 돌려줬을 뿐입니다. 결코 상을 바라고 한 게 아닙니다."

"그래도 주상 전하께서 내리신 분부이니, 어서 하나라도 말해보아라."

"......"

만덕은 한참 동안 곰곰이 생각하다가 이내 고개를 들고 말했다.

"별다른 소원은 없습니다. 다만 한양에 가서 임금님이 계신 곳을 보고, 금강산에 들어가 일만 이천 봉을 구경한다면 죽어도 여한이 없겠습니다."

《남사록》에 의하면, 예로부터 제주 사람들은 비록 헛되이 가고 돌아온다 하더라도 육지로 나가는 것을 마치 천당(天堂)을 바라보는 것같이 했다고 한다. 만덕이 상 받기를 거절하고 굳이 한양과 금강산 구경을 원한 것은, 노인으로서 죽기 전에 못해본 것을 꼭 해보고 싶었기 때문이기도 했을 것이다. 즉 당시 만덕에게 있어서 포상이나 신분 상승은 별다른 의미가 없었던 것이다.

만덕의 이 같은 발언은 당시로서는 가히 혁명적인 것이었다. 왜냐하면 이즈음 제주 여인들은 출륙금지령(出陸禁止令)이 있어 어떠한 경우라도 육지에 나갈 수 없었기 때문이다. 본디 제주는 땅이 척박하고 물·가뭄·바람 등 삼재(三災)로 인해 살기 어려운 땅이었기 때문에 많은 도민들이 섬을 떠나 육지에 가서 살고자 했다. 그 결과 인조 7년(1629)에 제주도민의 출륙을 엄금한다는 명이 떨어졌다. 그중에서도 특히 여자들의 출륙은 더욱 엄하게 금지되었다. 즉 제주 여자는 바다를 건너 뭍으로 나갈 수 없었을 뿐만 아니라, 뭍의 남자와 혼인을 해서 그곳으로 옮겨가 사는 것도 금지되었다. 그러므로 만덕의 발언은 국법을 어기는 것이자 금기를 깨뜨리는 행위였다.

하지만 이 소식을 들은 정조는 의외로 껄껄껄 웃으면서 이렇게 말했다.

"오호라, 그 소원 또한 평범치 않도다! 조선의 여장부임에 틀림없다. 나도 꼭 만나보고 싶으니, 그 소원을 좇아 관가에서 노자와 역마를 주고 하루빨리 올라오게 하라. 그리고 내년 봄에 날이 따뜻해지거든 금강산을 구경토록 해주어라."

정조는 다시 좌의정 채제공에게 특별히 지시했다.

"이 일은 결코 작은 일이 아니니, 채 상공이 직접 관장하도록 하시오."

"예, 전하."

조선시대에 임금이 일개 백성, 그것도 먼 지방에 사는 한 여인의 소원을 들어준 것은 전무후무한 일이었다. 여기서 정조가 굳이 만덕의 소원을 들어준 것은 임금으로서 갖는 순수한 애민정신의 발로일 수도 있지만, 자신이 먼 지방의 백성들도 똑같이 사랑하고 있다는 것을 보여주기 위해서가 아니었을까 추측한다. 이 점은 뒤에서 인용할 《승정원일기》 정조 20년 11월 24조에서 '이번 탐라인에 대한 조정의 진휼을 다른 도에서도 알게 하라' 는 정조의 발언에서 직접 확인할 수 있다.

1796년 가을, 만덕은 드디어 상경 길에 올랐다. 목사의 출륙허가증을 받고 제주성 동문을 지나 관리들이 육지로 나갈 때 주로 이용하는 조천포구를 향해 나아가니, 수많은 제주 백성들이 거리로 나와 손을 흔들며 환호했다.

"잘 다녀오시오, 만덕 할망!"

"우릴 대신해 마음껏 구경하고 오세요!"

역사를 조금이라도 아는 규방 여성들은 만덕의 역사적 의의를 미리 지적하기도 했다.

"조선의 아낙네로 임금님을 직접 뵙고 금강산까지 구경한 이는 우리 만덕 할망밖에 없을 거야!"

"맞아! 전례가 없는 일이지. 만덕 할망이야말로 진정한 조선의 여성 영웅이 아니고 무엇이겠어?"

이윽고 만덕은 조천포구에서 만재와 언년이 내외 및 여러 친척들의 배웅을 받으며 배를 타고 한양을 향해 떠났다.

조선시대 제주의 지역적 위상

조선시대 제주의 지역적 위상은 어떠했을까?지금까지 우리는 4·3 사건 같은 어두운 근현대사의 영향으로 제주의 역사를 지나치게 수난사, 곧 피해자적 입장에서만 보려는 경향이 있었다. 하지만 이제는 정확한 역사적 사실을 근거로 제주를 좀더 적극적이고 객관적인 시선으로 바라볼 필요가 있다. 조선시대 제주의 지역적 위상에 대해서는《조선왕조실록》의 제주 관련 기사들에 잘 나타나 있다.

우선 제주는 중죄인의 유배지였다. '제주 삼읍은 죄가 무거운 사람들을 유배 보내는 것으로 전례를 삼았다' 라는《광해군일기》7년(1615) 11월 3일조의 기록처럼, 예부터 제주는 유배의 땅이었다. 대표적으로 광해군을 비롯하여 송시열, 김정희 등이 제주로 유배를 와서 죽거나 훗날 풀려나 육지로 돌아갔다. 한데 여기서 유의할 점은 조선 정부가 죄인들을 제주로 유배 보낸 것이 제주도민을 무시하거나 멸시해서가 아니었다는 사실이다. 국토가 좁은 탓에 유배를 보낼 만큼 멀리 떨어진 곳이 없어서 어쩔 수 없이 북쪽 끝의 함경도와 함께 남쪽 끝의 제주를 유배지로 택했을 뿐이다.

다음으로 제주는 나라의 최대, 그리고 최고의 말 목장이었다. 앞에서 본 것처럼 제주에는 산림과 광야, 풀이 많은 데다가 본성대로 놓아 먹이니 좋은 말이 많았다. 그래서 해마다 수십에서 수백 마리의 말을 정부에 바쳤다.《성종실록》5년(1474) 7월 28일조에 의하면, 제주 목장에서는 매년 여름 말을 배에 실어 육지로 내보냈는데, 그 수가 40~50마리 혹은 60~70마리씩 무리를 지어 끊임없이 이어졌다고 한다. 하지만 국둔마(國屯馬)가 부족하면 사둔마(私屯馬)를 강제로 징수하여 내보내는 등 그 폐해도 적지 않았다.

그렇다고 정부가 제주 사람들에게 일방적인 희생만을 강요한 것은 결코 아니었다. 앞에서 보았던 것처럼 제주는 토질이 척박하고 농사지을 땅이 적었기 때문에, 여느 지역에 비해 자주 기근에 시달렸다. 그리고 막상 흉년을 당하면 진휼할 방도가 없었기 때문에 누렇게 떠서 굶어 죽는 사람들이 수백, 수천에 이르렀다. 그때마다 정부에서는 크게 근심하며 제주와 가까운 전라도에서 곡식이나 소금 등을 배에 실어 가서 진휼하도록 하고, 직접 어사를 파견해 감독을 맡기기도 했다. 만덕이 구휼할 무렵에도 정조 임금이 별도로 2만 냥을 주어 되도록 많은 곡식을 마련해 진휼에 보태도록 했다.

또한 제주는 왜구가 중국을 오갈 때 지나다니는 길목인지라 제주 사람들이 추자도에서 약탈을 당하는 일이 많았다. 성종 25년(1797) 4월에도 왜선 4척이 추자도에 웅거하면서 제주 공물선을 약탈하고 사람을 상하게 하는 일이 발생했다. 우리는 대체로 왜구는 조선 세종 무렵에 거의 사라진 것으로 알고 있다. 하지만 정확히 말한다면 사라진 게 아니라 환경의 변화에 따라 경제활동의 방식을 바꿨을 뿐이다. 더 이상 약탈이 어렵게 되자 그들은 생존 방식을 바꿔 교역으로 눈을 돌렸다. 그런데 중세까지의 해상무역은 교역과 해적질이 뒤섞인 것이었다. 제주가 세종 이후에도 자유롭지 못했던 것은 바로 그 때문이다. 제주는 지정학적 위치상 왜구들이 물과 식량, 땔감을 구하기에 안성맞춤인 지역이라 왜구의 타깃이 중국과 동남아로 바뀌자 피해가 더 커졌다. 제주를 아예 그들의 중간 거점으로 확보하려 했던 게 아닐까 싶을 만큼 대규모의 약탈도 있었다. 이처럼 조선시대 제주 사람들은 늘 왜구에 대한 공포에 시달려야 했다.

이분이 임금이시고, 저곳이 금강이로구나

임금을 만난 첫 번째 양민 여성

1년 후, 정조 21년(1797) 가을이었다. 오 좌수가 말을 타고 만덕의 객주로 찾아가니, 만재가 한 사내아이와 함께 대문 밖으로 나와 공경히 맞이했다.

"어서 오십시오, 오 좌수 어른!"

"그래, 잘 있었는가?"

오 좌수는 아이를 유심히 들여다보면서 만재를 향해 다시 물었다.

"허허, 그놈 참 똘똘하게 생겼다! 자네 자식인가?"

"아, 아닙니다. 동기간에서 데려다가 누님의 양손(養孫)으로 삼은 아이입니다. 누님의 후사가 없으니, 잘 키웠다가 나중에 무덤을 지키고 제사나 지내주도록 하려고요."

〈구묘비문〉에 따르면, 만덕은 양손 시채(時采)를 들여 자신이 죽은 후에 무덤을 지키고 제사를 지내도록 했다고 한다.

"아주 잘했네. 만덕은 죽어서도 외롭지 않겠어. 그래, 누님은 안

▲ **한양** 국립중앙박물관 소장
- 근대에 찍은 사진으로 한양의 옛 모습이다.

▶ **여행** 김준근, 〈여행〉, 덴마크 국립박물관 소장
- 과거에 여성이 여행을 떠나던 모습이다.

에 있는가?"

"예, 어서 안으로 듭시지요."

오 좌수가 천천히 걸어서 안거리로 올라가니, 만덕이 신발을 거꾸로 신은 채 달려나와 반갑게 말했다.

"아니, 오 좌수 어른 아니십니까! 어인 일로 손수 예까지 찾아오셨습니까?"

"유명인사의 얼굴 좀 보러 왔지. 자네 이름이 조선팔도에 쫙 퍼졌다던데."

"호호호, 어르신도 참. 어서 방으로 드세요."

만덕은 오 좌수를 인도하여 방안으로 들어가 나란히 마주보고 앉았다. 만재도 아이와 함께 방문 앞에 자리를 잡고 앉았다.

"그래, 자네 소원대로 주상 전하를 알현했는가?"

"예, 한양에 올라간 후 얼마 뒤에 내의원 의녀 반수(班首)가 되어 대궐로 들어가 주상 전하께 문안을 올렸습니다."

"중전마마도 뵈었다면서?"

"물론입지요. 중전마마께서도 저를 보시고 특별한 말씀을 하시며 아주 후한 상까지 내려주셨습니다."

"특별한 말씀이라니?"

"예, '일개 여자로 의기(義氣)를 발휘하여 굶주린 백성 천여 명을 살렸으니 참으로 기특한 일이로다'라고 말씀하셨습니다. 어찌나 황송하던지 고개를 들 수가 없었답니다."

지난해 가을, 배를 타고 조천포구를 떠난 만덕은 추자도를 거쳐 해남 관두량에 도착했다. 그곳에서 다시 역마를 타고 강진, 영암, 나주, 장성, 정읍, 태인, 금구, 완산, 삼례, 여산, 은진, 이산, 공주,

천안, 직산, 진위, 수원 등지에서 유숙하며 근 보름 만에 한양에 도착했다. 지나가는 곳마다 사람들이 몰려나와 그녀의 모습을 구경하려 했다.

이재채의 〈만덕전〉에 따르면, 만덕이 처음 서울에 왔을 때는 윤상국(尹相國)의 소부(小婦, 첩실)가 사는 처소에 묵었다고 한다. 그리고 한 달쯤 지나 거처가 정해지자, 만덕은 많은 돈을 들고 가서 그녀에게 감사의 마음을 전하려고 했다.

"이제야 거처를 정했습니다. 댁에서 오랫동안 편안히 머물렀기에 조금이나마 성의를 표하고자 합니다."

그러자 윤상국의 소부가 웃으면서 말했다.

"내가 어찌 보답을 바라고 자네를 대접했겠나."

그래서 만덕은 돈을 그냥 들고 나올 수밖에 없었다. 이후 서울의 모리배들 중에서 만덕에게 재물이 많다는 소문을 듣고 접근하려는 자들이 있었지만 만덕은 단호히 거절했다.

"내 나이 오십이다. 저들은 나의 용모가 고와서가 아니라 나의 재물이 탐나서 그런 것이다. 굶주린 사람들을 구휼하기에도 부족하거늘, 어느 겨를에 저런 탕자들을 살찌우겠는가?"

사실 만덕이 처음 서울에 왔을 때는 거처할 곳이 없어 무척 힘들었던 듯하다. 《승정원일기》 정조 20년 11월 24일조를 보면 이렇게 기록되어 있다.

채제공이 아뢰었다.

"탐라의 기녀가 재산을 바쳐 백성들을 구휼했으나 상을 받기도 면천하기도 원하지 않고, 오직 한양과 금강산을 구경하길 원했습니다.

소원을 들어주도록 하라는 분부가 있어 비로소 상경했으나, 겨울이 다 가옴에도 작은 집에서 떠나지 못하고 기다리다가 신에게 찾아와 울며 말했습니다. 만덕은 비록 미천한 사람이나 그 뜻이 가히 고상하고 그 정 또한 가련하니, 특별히 가엾이 보살펴줌이 좋을 듯하옵니다."

그러자 임금이 말했다.

"탐라인에 대한 조정의 진휼을 다른 도에서도 알게 하라. 만덕은 한 사람의 미천한 기녀로서 의로움을 발휘하여 재물을 내놓아 곤궁한 백성들을 구휼했으니 매우 가상한 일이다. 그 소원 또한 평범하지 않고, 이미 상경한 후이니 어찌 길에서 굶주리게 하랴. 그녀에게 물어 비변사[1]에 머물도록 하고, 봄이 된 후에 금강산을 구경할 수 있도록 양식과 노자를 줄 것이며, 고향에 보낼 때도 역시 부족함이 없도록 하라."

이처럼 만덕은 채제공의 도움으로 비변사에 머물고, 선혜청[2]에서 달마다 식량을 제공받았다. 또 며칠 후에 내의원 의녀 반수가 되어 왕과 왕비를 모두 만났다. 만덕이 갑자기 의녀가 된 것은 평민으로서는 임금을 뵐 수 없으므로 임시로 변통한 것이었다.

한편 기록에는 나오지 않지만 만덕은 상인이었는지라 서울, 특히 서울의 시장들도 구경했을 것으로 추정된다. 조선 후기 서울은 인구 20여 만 명의 대도시로, 양반관료·지주·상인·중인이 많이 사는 전국 최대의 소비시장이었다. 전국 각지의 물자가 주로 해안과 한강의 수운에 의해, 부분적으로는 육로를 통해 서울에 들어왔

이분이 임금이시고, 저곳이 금강이로구나

---

1) 조선시대 군국의 사무를 맡아보던 관아
2) 조선시대 대동미의 출납을 관장하던 관청

다. 당시 서울에는 시전 외에도 종가, 남대문 밖의 칠패, 동대문 안의 이현 등 3대 시장이 있어서 행상들이 아침에는 이현과 칠패에, 한낮에는 종가에 각각 모였다. 이현과 칠패는 조시(朝市)였던 셈인데, 서울시민이 소비하는 어류는 주로 칠패에, 채소는 주로 이현에 몰려들었다.

모든 이의 꿈, 금강산에 오르다

얼마 후 오 좌수가 다시 만덕의 금강산 구경에 대해 물어보았다.

"그래, 금강산 구경은 잘했는가?"

"예. 이듬해, 그러니까 올해 3월에 금강산에 들어가 일만 이천 봉의 기이한 경치들을 두루 구경했습니다. 가는 곳마다 절경이라 입에서 감탄이 절로 나왔지요. 그리고 절과 불상을 만날 때면 곡진히 절을 하고 공양을 드렸습니다. 먼저 간 문명을 위해서도."

만덕은 갑자기 문명의 얼굴이 떠오르는지 눈시울을 적시며 긴 한숨을 내쉬고 혼자 생각에 잠겼다.

'휴, 내가 좀더 일찍 깨달았더라면 문명을 그리 보내지는 않았을 텐데. 참으로 후회가 막심이로다.'

하지만 만재는 그런 속도 모르고 우쭐거리며 오 좌수에게 말했다.

"누님이 다시 한양으로 들어가니 이름이 사방으로 퍼져 공경대부는 물론이요, 일반 선비와 백성들까지 신분을 가리지 않고 찾아왔다고 합니다."

"응, 나도 들었다네! 여러 문인들이 숙소로 찾아가 글을 지어줬

다고 하더군. 병조판서 이가환(李家煥) 대감도 직접 만나보고 시를
지어줬는데, 며칠 전에 누가 전해줘서 나도 보았지. 참! 내가 그걸
챙겨왔는데 어디 한번 읊어볼까."

　오 좌수는 소매 속에서 종이 1장을 꺼내 쭉 펼쳐들고 자못 운치
있게 읊어나갔다.

萬德瀛州之妓女	만덕은 영주의 기녀
六十顔如四十許	예순 얼굴이 마흔처럼 보이네.
千金糴米救黔首	천금으로 쌀 사다가 백성들 구하고
一航浮海朝紫禦	배 타고 바다 건너 궁궐을 갔었다네.
但願一見金剛山	다만 한 번 금강산 구경하는 게 소원이었는데
山在東北煙霧間	산은 동북녘 안개 속에 솟아 있네.
至尊頷肯賜飛驛	임금이 허락하고 날쌘 역마를 허락하시니
千里光輝動江關	화려한 나들이 온 관동을 진동시키네.
登高望遠壯心目	높이 올라 멀리 바라보니 마음과 눈은 장대하고
漂然揮手還海曲	표연히 손을 흔들며 바다 모퉁이로 돌아가네.
耽羅遠自高良夫	탐라는 예로부터 고·양·부 씨가 살던 곳인데
女子今始觀上國	여자로서는 처음으로 한양을 구경하였네.
來如雷喧遊鵠擧	돌아오니 찬사 소리가 따옥새 떠나갈 듯하고
長留高風濾寰宇	높은 기풍은 오래 남아 세상을 맑게 하겠지.
人生立名有如此	사람으로 태어나 이름을 세움이 이와 같으니
女懷淸臺安足數	여회청대[3]가 족히 몇이나 될까.

비숍 여사의 《한국과 그 이웃나라들》에 따르면, 조선시대에 금

▲ **금강산** 최북, 〈표훈사(表勳寺)〉, 개인 소장
- 표훈사와 만폭동, 비로봉 등 내금강 일대의 모습이 잘 나타나 있다.

▼ **불상** 엄치욱, 〈묘길상도(妙吉祥圖)〉, 국립중앙박물관 소장
- 내금강 비로봉 아래의 묘길상이라는 불상을 표현한 것이다.

강산을 유람한 사람은 여행자로서 확고부동한 명성을 얻었다고 한다. 그래서인지 남녀를 불문하고 많은 사람들이 이 풍류 어린 명예를 거머쥐려고 젊었을 때부터 무던히도 애를 썼다. 심지어 어떤 사람들은 금강산 구경을 위해 특별히 계(契)를 결성하기도 했다.

우선 여성 인물로는 16세기 황진이가 이정승의 아들과 함께 지팡이를 짚고 금강산에 들어가 사찰에서 얻어먹으며 경치를 구경한 것으로 유명하다. 또 19세기의 여성 시인 김금원도 남장(男裝)을 하고 금강산에 다녀온 적이 있다. 남성 인물들은 굳이 말할 필요도 없으리라. 대대로 많은 선비들이 금강산을 유람하고 답사기를 남겼는데, 그중에서 16세기 유학자 홍인우의 《관동일록(關東日錄)》을 통해 당시 금강산 여행담을 들어보자.

홍인우도 역시 수십 년 동안 금강산을 구경하려 벼르고 있었다. 그러던 어느 날 두 친구와 함께 말과 지팡이, 우비, 식량, 노비 등 여행 장비를 갖추고 금강산 유람길에 오른다. 4월 9일 한양을 떠나 경기, 강원 땅을 밟고 4월 14일에 금강산 초입에 있는 장안사에 도착했다. 거기서부터 홍인우는 서쪽 내금강의 주요 사찰과 명승지인 표훈사, 정양사, 만폭동, 비로봉 등을 구경했다. 물과 바위가 좋은 곳은 만폭동이 최고요, 올라가서 경치를 볼 만한 곳은 비로봉이 제일이었다고 한다. 그리고 동쪽 외금강과 바닷가의 명승지인 총석정, 삼일포, 영랑호 등도 구경했다. 물론 바닷가의 명승지는 배를 타고 둘러봤다. 이리하여 금강산을 다 보고 나니 5월 3일이 되

이분이 임금이시고, 저곳이 금강이로구나

---

3) 진시황 때 청(淸)이란 과부가 조상의 업을 이어받아 재산을 모으며 정절을 지키자 그를 정부(貞婦)라 일컫고 누대를 세워줬는데, 이를 여회청대라 한다.

었다. 그러니까 조선시대에는 금강산을 다 구경하려면 한 달이 넘게 걸렸던 셈이다.

만덕도 이와 마찬가지였을 것으로 추정된다. 채제공의 〈만덕전〉을 보면 그녀는 서울에 머문 지 반년 만인 정조 21년 3월에 임금이 대준 역마와 노자를 가지고 금강산에 들어가 만폭동, 중향성 등 기이한 경치를 구경했다고 한다. 또 불상을 만나면 반드시 절하고 공양을 드리는 등 정성을 극진히 했다. 그러고는 안문재를 넘고 유점사를 거쳐 고성으로 내려가 삼일포에서 배를 타고 통천의 총석정에 올라 천하의 절경을 구경했다.

몇 달 후 서울로 돌아오자, 만덕의 이름이 널리 알려져 공경대부와 선비들이 다투어 그녀의 얼굴을 한번 보고자 했다. 박제가, 이가환, 정약용 같은 당대 최고의 문인들이 그녀를 위해 글을 지어주었다. 물론 여성계의 반응도 만만치 않았는데, 만덕이 금강산 구경을 떠날 때 기녀 홍도는 이러한 시를 지어주었다.

女醫行首耽羅妓　의녀의 우두머리요, 탐라의 기녀가
萬里層溟不畏風　만 리 바닷길 풍파도 두려워하지 않고 건넜네.
又向金剛山裡去　이제 또 금강산 구경을 떠나가니
香名留在教坊中　향기로운 그 이름 교방에 남아 있네.

이내 오 좌수는 시를 접어 소매 속에 집어넣은 뒤, 만덕에게 다시 좌의정 채제공의 소식을 물었다.

"채 상공은 잘 계시던가? 이번에 그분이 자네 뒤를 많이 봐줬다고 하던데."

"예, 주상 전하께서 저의 상경에 관한 일을 채 상공이 직접 관장하도록 분부했다 합니다."

"소문을 들으니, 자네가 채 상공을 흠모하는 눈치였다고 하던데 그게 사실인가?"

"호호호, 그리 자상하신 분을 제가 어찌 흠모하지 않을 수가 있겠습니까?"

그 말은 사실이었던 듯하다. 제주로 돌아올 무렵, 만덕이 채제공을 보고 목멘 소리로 말했다.

"이승에서 다시는 대감의 얼굴을 뵙지 못하겠나이다."

그러고는 처연히 눈물을 흘리니, 채제공도 서운한 마음을 억지로 감추고 만덕을 위로했다.

"너는 사내들도 가보지 못한 한라산과 금강산을 다 구경했다. 한데 나와 이별하면서 아녀자의 가련한 태도를 하는 건 대체 무슨 까닭인고? 왠지 너답지 못하구나."

이즈음 만덕의 나이는 쉰여덟, 채제공은 일흔일곱이었다. 이후 채제공은 만덕의 일생을 정리한 〈만덕전〉을 지어 후세에 남겼는데, 이 기록은 맨 뒤에 부록으로 싣기로 한다.

이내 오 좌수는 부러워하는 눈빛으로 만덕을 쳐다보며 말했다.

"자네는 살아서 모든 소원을 다 이루었으니, 참으로 행복한 사람이야!"

"예, 저는 이제 죽어도 여한이 없을 듯합니다."

만덕은 편안한 얼굴로 대답하고 천천히 고개를 숙였다.

역사 속으로 사라지다

순조 12년(1812) 10월 22일, 만덕은 일흔네 살의 나이로 세상을 떠났다. 그러니까 영조·정조·순조 등 3대 임금에 걸쳐 살았던 셈이다. 제주로 돌아와 세상을 떠나기 전까지 만덕의 행적에 대해서는 기록이 부재하여 전혀 알 길이 없다. 1958년에 채록된 설화에 의하면, 만덕이 금강산을 유람하고 돌아오자 동네 사람들이 그녀를 위해 별장을 지어주었다고 하는데 사실인지 아닌지는 알 수 없다. 다만 오늘날 제주 사람들이 그녀를 '할망'으로 여기며 존경을 표하듯이, 당시 사람들도 존경과 사랑을 아끼지 않았을 것으로 추정해볼 뿐이다. 이 점은 아래의 추사 김정희를 통해서도 확인할 수 있다.

죽기 전에 만덕은 이렇게 유언했다고 한다.

"내가 죽거든 성안이 한눈에 보이는 곳에 묻어주게나."

그래서 사람들은 만덕은 화북에서 제주성으로 가는 길목인 '가으니마루' [4]라는 언덕에 안장했다.

헌종 6년(1840) 제주에 유배 왔던 추사 김정희는 그곳을 지나다가 만덕의 행적을 듣고 감동하여 '은광연세(恩光衍世)' [5]라 대서하고, 그 옆에 이렇게 기록했다.

김종주의 할머니(양손 시채의 아들)가 이 섬에 기근이 닥쳤을 때

---

4) 숨이 턱에 찬 모양을 가리키는 '가웃가웃하다'라는 제주 사투리에서 나온 말
5) 은혜의 빛이 온 세상에 번지다.

▲ 은광연세(恩光衍世)
- 추사 김정희가 만덕의 행적을 듣고 감동하여 써주었
다는 글씨이다.

▶ 김만덕 기념탑
- 제주시 건입동 모충사에 있는 김만덕 기념탑이다.

▼ 만덕봉제
- 제주 여성들이 주축이 되어 지내는 만덕봉제의 모습
이다.

크게 구휼한 뒤 임금의 특별한 은혜를 입어 금강산까지 구경하니 공경대부들이 전기와 시가를 지어주었다. 이는 고금에 드문 일이므로, 이 편액을 써서 그 집안을 드러내는 바이다.

이후로 제주시가 팽창함에 따라 몇몇 뜻있는 제주 인사들이 '김만덕기념사업회'를 조직하여, 1977년 1월 제주시 건입동 사라봉 기슭에 모충사란 사당을 짓고 만덕의 묘를 이장하는 한편, 그녀의 공덕을 널리 기리고자 했다. 모충사에는 김만덕 기념탑과 기념관이 있는데, 60평 규모의 작고 아담한 기념관에는 그녀의 영정과 삶을 재현한 그림들이 전시되어 있다. 그곳에는 몇 가지 옛 물건들도 함께 전시되어 있는데, 이는 오랜 세월 만덕을 흠모해온 전통자수 연구가인 한상수 여사가 특별히 찬조한 것이라 한다.

이 밖에도 제주에서는 1980년에 '만덕상'을 제정하여 근검절약으로 역경을 이겨내고 사회를 위해 공헌한 여성에게 매년 한라문화제 때 시상을 하고 있다. 나아가 제주 여성들이 주축이 되어 해마다 '만덕봉제'를 지내고 있다.

그런데 여기서 하나 의문 나는 점은 지금으로부터 불과 200여 년 전의 일일 뿐인데, 왜 만덕이란 존재가 역사 속으로 사라졌느냐는 것이다. 필자가 보기에 그것은 한국 여성사의 전개와 밀접한 관련을 맺고 있는 듯하다. 주지하다시피 조선 말기와 일제강점기는 우리 여성사의 암흑기라고 할 만한 시기였다. 이 시기에는 가부장제 의식이 몹시 팽배하여 그 누구라도 여성계의 인물을 세상에 드러낼 수 없었다. 게다가 만덕은 남쪽 섬 제주의 여상인, 그것도 끝까지 기녀라는 꼬리표가 따라다녔던 인물이다. 이 때문에 사람들은 그녀의 업적과 위상이 지대함에도 불구하고, 쉽사리 세상에 드러낼 수 없었던 것이 아닐까? 최근에서야 그녀의 존재가 다시 부각되기 시작한 것은 근래 여성의 지위가 향상되면서 여성계 인물을 사회 전면에 내세우는 것이 가능해졌기 때문일 것이다.

만덕은 앞으로 한국 역사(특히 여성사)를 대표할 새로운 인물임에 틀림없다. 역사 속에서 그녀는 이미 세인의 주목을 받았던 화제의 인물이자 영웅이었다. 당시 최고의 통치자인 정조 임금이 친히 그녀의 소원을 들어주었고, 오늘날의 국무총리 격인 정승 채제공이 그녀의 일생담을 기록해주었으며, 조선의 대표적인 문장가 정약용, 이가환, 박제가 등이 그녀를 위한 시를 남겼으니 말이다. 게다가 사후에는 추사체로 유명한 김정희가 '은광연세'라는 편액을 써주기까지 했다. 그만큼 만덕은 당시 조선 사회에 일종의 센세이션을 불러일으켰던 걸출한 인물이었던 것이다. 오랫동안 불충분한 사료들 속에서 퍼즐 조각을 맞추듯 작업해온 만덕의 이야기를 맺으며, 시간의 무게만큼이나 무거웠던 편견과 차별의 시선 속에서 빛을 잃어간 만덕의 가치가 오늘날 환하게 되살아나기를 기대해본다.

1739년 영조 15년. 제주의 양갓집 딸로 태어남.

1750년 12세. 제주에 여역(癘疫)으로 죽은 사람이 882명이었음.

어렸을 때 부모를 여의고 한 기녀에게 의탁해 살았는데, 조금 자라자 관아에서 그녀의 이름을 기적에 올려버림. 이로써 만덕은 본의 아니게 관기가 됨.

20여 세. 관아에 호소하여 양민 신분을 회복함(기록이 부재하여 확실치 않음).

1762년 사도세자의 죽음.

1776년 37세. 정조 즉위.

1791년 52세. 신해통공(辛亥通共)으로 육의전을 제외한 모든 시전의 금난전권이 폐지됨.

1792년 53세. 제주에 흉년이 들어 수천 명의 사람이 굶어 죽음.

1793년 54세. 태풍으로 정의와 대정 두 고을이 적토(赤土)가 됨.

1794년 55세. 큰바람과 해수(海水)가 몰아쳐 제주의 모든 곡식이 절단남. 제주목사 심낙수가 구호미 2만여 석을 조정에 요청함.

1795년 56세. 윤 2월에 진휼곡 5천 석을 실은 배 12척 중 5척이 바다를 건너오다 난파됨. 만덕은 자신의 재산을 털어 육지에서 곡식을 사들임. 그중 십분의 일을 덜어 우선 자신의 친족을 살리고, 나머지는 관가에 실어 보내 굶주린 제주 백성들의 목숨을 구함.

1796년   57세. 가을에 임금이 역마와 노자를 주어 한양으로 올라오게
        함. 상경한 지 한 달쯤 뒤에 왕과 왕비를 알현하고 한양을 구
        경함.

1797년   58세. 봄 3월에 국비로 금강산에 들어가 일만 이천 봉을 두루
        구경함. 몇 달 후 한양에 들렀다가 제주로 돌아옴. 채제공이
        〈만덕전〉을 지어줌.

1799년   채제공의 죽음.

1800년   정조 죽음. 순조 즉위.

1812년   74세. 만덕 세상을 떠남.

1840년   추사 김정희가 만덕의 행적을 듣고 감동하여 '은광연세(恩光
        衍世)'라 대서함.

유형	작가	작품	출전
전(傳)	채제공(1720-1799)	만덕전(萬德傳)	《번암집》 권55
	이재채(?)	만덕전(萬德傳)	《오원집》
	심노숭(1762-1837)	계섬전(桂纖傳)	《효전산고》 권7
	조수삼(1762-1849)	만덕(萬德)	《추재기이》
	유재건(1793-1880)	만덕(萬德)	《이향견문록》
한시	이가환(1742-1801)	송만덕귀탐라(送萬德歸耽羅)	《금대시문초》
	박제가(1750-1805)	송만덕귀제주시(送萬德歸濟州詩)	《초정전서》
	홍도(?)		《범곡기문》, 《이향견문록》 재수록
	조수삼(1762-1849)	만덕(萬德)	《추재기이》
실록			《정조실록》 정조 20년 11월 25일조
			《승정원일기》 정조 20년 24일, 25일, 28일조
			《일성록》 정조 20년 11월 25일조
묘비문		구묘비문(舊墓碑文)	
기타	정약용(1762-1836)	제탐라기만덕소득진신대부증별시권 (題耽羅妓萬德所得搢紳大夫贈別詩卷)	《다산시문집》
	김정희(1786-1856)	은광연세(恩光衍世)	

만덕(萬德)의 성은 김(金)이니, 탐라의 양갓집 딸이었다. 어렸을 때 부모를 여의고 의지할 데가 없어 한 기녀에게 의탁해서 살았는데, 조금 자라자 관아에서 만덕의 이름을 기안에 올려버렸다. 만덕은 비록 머리를 숙이고 기녀 노릇을 할망정 기녀로 자처하지는 않았다. 나이 스무 살이 넘자 만덕이 울면서 자신의 사정을 관아에 호소하니, 목사가 가긍히 여겨 기안에서 빼주고 양민으로 되돌려주었다. 만덕은 비록 살림을 차려 탐라의 사내들을 머슴으로 거느리기는 했으나 남편으로는 맞이하지 않았다.

그는 재산을 늘리는 데에 가장 재능이 있어 시세에 따라 물가의 높고 낮음을 잘 짐작하여 사고팔기를 계속하니, 몇십 년 만에 부자로 이름을 날렸다.

우리 임금(정조) 19년 을묘(乙卯)에 탐라에 큰 흉년이 들어 백성들의 시신이 산더미로 쌓였다. 임금이 곡식을 배에 싣고 가서 구제하기를 명했다. 바닷길 800리에 바람 편에 오가는 짐대가 북처럼 재빨랐으나 오히려 미치지 못했다.

이에 만덕이 천금을 희사(喜捨)하여 뭍에서 쌀을 사들였다. 모든 고을의 사공들이 때맞춰 이르자 만덕은 그중 십분의 일을 빌려다가 자신의 친족을 살리고, 그 나머지는 모두 관가에 실어 보냈다. 부황난 자가 소문을 듣고 관가 뜰에 모여들기가 마치 구름과 같았다. 관가에서는 이를 그 완급을 조절하여 나누어주었다. 그들 남녀는 모두 이렇게 만덕의 은혜를 칭송하였다.

"우릴 살려준 이는 만덕이로다."

구제가 끝난 뒤, 목사가 그 일을 조정에 올렸다. 이에 임금이 기이하
게 여기고 분부했다.

"만덕에게 소원이 있다면 쉽고 어려움을 가리지 말고 특별히 들어
주어라."

목사가 만덕을 불러 임금의 분부대로 물었다.

"네 소원이 무엇이냐?"

"별다른 소원은 없습니다. 다만 서울에 한 번 가서 임금님이 계신 곳
을 바라보고, 이내 금강산에 들어가 일만 이천 봉을 구경한다면 죽어
도 여한이 없겠습니다."

본래 탐라의 여인은 바다를 건너 뭍에 나가지 못하게 되어 있었으
니, 이는 곧 국법이었다. 목사가 그 소원을 상주(上奏)했더니, 임금이
명령을 내려 그 소원을 좇아 관가에서 노수(路需)와 역마를 주고, 또
음식을 번갈아 제공케 했다.

만덕은 드디어 배를 타고 만경창파를 건너서 병진년(1796) 가을 서
울에 들어와 채제공을 한두 번 만났다. 채제공은 그 사실을 임금께 여
쭌 후 선혜청에 지시하여 달마다 식량을 대주도록 하였다. 그런 지 며
칠 만에 내의원 의녀로 삼아 모든 의녀의 반수로 두었다. 만덕은 전례
에 의거하여 대궐로 들어가 문안을 드렸다. 왕비와 궁에서 각기 여시
(女侍)를 시켜 말씀을 내렸다.

"네가 일개 여자로서 의기를 발휘하여 주린 백성 천여 명을 구제했
으니, 참으로 갸륵한 일이로다."

그리고 상사(賞賜)한 것이 많았다. 그런 지 반년 만인 정사년(1797)

3월에 금강산에 들어가 만폭동·중향성의 기이한 경치를 다 구경하고, 또 금불(金佛)을 만나면 반드시 절을 하고 공양을 드려 그 정성을 곡진히 했다. 대저 탐라국에는 불법(佛法)이 들어가지 않은 까닭에 만덕의 나이가 쉰여덟이었으나 처음으로 절과 부처를 구경했던 것이다.

그녀는 마침내 안문재를 넘어 유점사를 거쳐 고성으로 내려가, 삼일포에서 배를 타고 통천 총석정에 올라 천하의 기이한 경치를 구경하였다. 그리고 다시 서울로 들어가 며칠을 머문 뒤 장차 고향으로 돌아갈 때, 대궐에 들어가 돌아감을 고했다. 왕비와 궁에서 각기 앞서와 같이 또 상을 내렸다.

이즈음 만덕의 이름이 서울 안에 가득하여 공경대부와 선비 등 계층을 가리지 않고 모두 그녀의 얼굴을 한번 보고자 하였다.

만덕이 떠날 때 채제공을 보고 목멘 소리로 말하였다.

"이승에서는 대감의 얼굴을 다시 뵙지 못하겠나이다."

그러고는 처연히 눈물을 흘렸다. 이에 채제공이 위안해주었다.

"옛날 진시황과 한 무제는 모두들 '해외(海外)에 삼신산(三神山)이 있다'라고 하였고, 또 세상에 이르기를 우리나라의 한라산은 곧 그들의 이른바 영주산이요, 금강산은 곧 봉래산이 아닌가. 넌 이미 탐라에서 자라 한라산에 올라가 백록담의 물을 먹고, 이제 또 금강산을 두루 구경했으니 이는 삼신산 중에서 그 둘을 벌써 점령한 것이 아니겠느냐. 온 천하의 수많은 사내들 중에 이런 복을 누린 자가 있을까. 그럼에도 이제 하직을 당하여 도리어 아녀자의 가련한 태도를 짓는 건 대체 무슨 까닭인고."

그러고 나서 채제공은 이 일을 서술한 〈만덕전〉을 지어 웃으면서 그녀에게 주었다. 이때는 정조 21년 정사(丁巳)년 하지요, 번암 채제공

의 나이 일흔여덟이었다. 충간의담헌(忠肝義膽軒, 채제공의 서재)에
서 썼다.

참고문헌

1. 김만덕 관련 자료집

김두봉, 《제주도실기》, 제주시우당도서관, 2003.

김만덕기념사업회, 《의녀 김만덕 활약상 자료조사 연구보고서》, 제주도, 2004.

김봉옥, 《모충사기》, 제주시, 1987.

김영진, 〈효전 심노숭 문학 연구〉, 고려대학교 대학원 석사학위논문, 1996.

김인숙, 《제주의 빛 김만덕》, 푸른숲, 2006.

김준형, 〈만덕 이야기의 전승과 의미〉, 《제주도연구 17》, 제주도, 2000.

김태능, 《제주도사논고》, 세기문화사, 1982.

담수계 편, 《증보 탐라지》, 프린트판, 1954.

박무영 · 김경미 · 조혜란, 《조선의 여성들, 부자유한 시대에 너무나 비범했던》, 돌베개, 2004.

안춘근, 《역사에 빛나는 한국의 여성》, 범우사, 1984.

유재건, 이상진 역, 《이향견문록》(상), 자유문고, 1996.

이가원 교주, 《이조한문소설선》, 교문사, 1984.

이덕일, 《이덕일의 여인열전》, 김영사, 2003.

정비석, 《명기열전 6》, 이우출판사, 1977.

정약용, 《정다산전서》, 홍익인간사, 1960.

정약용, 《국역 다산시문집 6》, 민족문화추진회, 1997.

제주문화원, 《제주여인상》, 제주문화원, 1998.

편집부, 《한국 역사 속의 여성인물》(상), 한국여성개발원, 1998.

그 밖에 《승정원일기》, 《일성록》, 《정조실록》, 《신증동국여지승람》, 《초정전서》, 《금대시문초》,

《오원집》, 《추재집》, 《임원경제지》 등을 참조했음.

2. 제주 관련 자료집

강정효, 《화산섬, 돌 이야기》, 각, 2000.

고광민, 《제주도의 생산기술과 민속》, 대원사, 2004.

김봉옥 편, 《조선왕조실록 중 탐라록》, 제주문화방송, 1986.

김상헌, 김희동 역, 《남사록》, 영가문화사, 1992.

김승윤 구술, 《사삼 사태로 반 죽었어, 반!》, 뿌리깊은나무, 1990.

김영돈, 《제주 성읍 마을》, 대원사, 1989.

김영돈, 《제주 민요의 이해》, 제주도, 2001.

김정동, 《남아 있는 역사, 사라지는 건축물》, 대원사, 2000.

김정호, 《걸어서 가던 한양 옛길》, 향지사, 1999.

김지순, 《제주도 음식》, 대원사, 1998.

김지홍, 원창애 역, 《제주 삼읍 교학사료집》, 전국문화원연합회제주지회, 2003.

박재형, 《제주도 전래동화》, 대교출판, 1992.

박찬식, 〈19세기 제주 지역 진상의 실태〉, 《19세기 제주사회 연구》, 일지사, 1997.

신해진 역주, 《조선후기 세태소설선》, 월인, 1999.

안길정, 《관아를 통해서 본 조선시대 생활사》(상·하), 사계절, 2000.

역사문제연구소, 《제주 4·3 연구》, 역사비평사, 1988.

이양수 외, 《탐라가 탐나요》, 영주문학사, 1992.

이영권, 《제주 역사 기행》, 한겨레신문사, 2004.

이원진, 김찬흡 외 옮김, 《역주 탐라지》, 푸른역사, 2002.

이희준, 유화수 외 옮김, 《계서야담》, 국학자료원, 2003.

장한철, 정병욱 역, 《표해록》, 범우사, 1979.

진성기, 《제주 민속의 멋 1·2》, 열화당, 1981.

최재석, 〈제주도의 자생적 핵가족〉, 《세계의 문학》, 1978년 겨울호, 민음사.

한림화, 《제주바다 잠수의 사계》, 한길사, 1987.

한창훈, 〈제주도 잠수들의 생활과 민요〉, 《시가와 시가교육의 탐구》, 월인, 2000.

현용준, 《제주도 신화》, 서문당, 1996.

헨드릭 하멜, 이병도 역주, 《하멜표류기》, 일조각, 1954.

홍명희, 《임꺽정 6》, 사계절, 1985.

《노봉문집》, 제주문화원, 2001.

《문학 속의 제주-소설선집》, 제주문화원, 1999.

《문학 속의 제주-수필선집》, 제주문화원, 1999.

《문학 속의 제주-시조선집》, 제주문화원, 1998.

《20세기 전반의 제주도》, 제주시우당도서관, 1997.

《전통문화》, 1985년 6월호.

《제주도부락지》(Ⅳ), 제주대학교탐라문화연구소, 1991.

《제주사학술강연회》, 제주문화원, 2000.

《제주문화 7》, 제주문화원, 2001.

《제주문화 8》, 제주문화원, 2002.

《제주문화 9》, 제주문화원, 2003.

《제주의 삶, 제주의 아름다움》, 국립제주박물관, 2002.

《제주의 문화유산》, 한국이동통신 제주지사, 1994.

《제주도 9》, 제주도, 1996.

《제주도 100》, 제주도, 1996.

《탐라문화 23》, 제주대 탐라문화연구소, 2003.

3. 상업사

윤규상,《예덕상무사-이땅에 남은 마지막 보부상》, 예덕상무사, 1993.

이능화, 김상억 역,《조선여속고》, 동문선, 1990.

이사벨라 버드 비숍, 이인화 역,《한국과 그 이웃나라들》, 살림, 1994.

이우성 · 임형택 공편,《이조한문단편선》(상), 일조각, 1973.

이전문,《부자 되는 이야기》, 조선일보사, 1989.

이헌창, 〈개화기 시장구조와 그 변화에 관한 연구〉, 서울대학교 박사학위논문, 1990.

임형택 편역,《이조시대 서사시》(상), 창비, 1992.

이중환, 노도양 · 이석호 역,《택리지 · 북학의》, 대양서적, 1975.

정약용, 이철화 역,《정약용 작품 선집》, 이회문화사, 1989.

한국고문서학회,《조선시대 생활사》, 역사비평사, 1996.

한국역사연구회,《조선시대 사람들은 어떻게 살았을까 1》, 청년사, 1996.

홍희유,《조선상업사》, 백산자료원, 1989.

《한국사 33》, 국사편찬위원회, 1997.

《한국수산지 3》, 조선총독부 농상공부편, 1910.

4. 구휼사

남효온 외,《조선시대 선비들의 금강산답사기》, 혜안, 1998.

손병규, 〈서유얼의 진휼정책〉,《대동문화연구 42》, 성균관대학교 대동문화연구소, 2003.

신동원,《호열자 조선을 습격하다》, 역사비평사, 2004.

이사벨라 버드 비숍, 이인화 역,《한국과 그 이웃나라들》, 살림, 1994.

임형택 편역,《이조시대 서사시》(상), 창비, 1992.

정창권, 《향랑, 산유화로 지다》, 2004.

정창권, 《세상에 버릴 사람은 아무도 없다》, 문학동네, 2005.

5. 시각자료

이형상, 《탐라순력도》, 제주시, 1999.

조선미, 《한국 초상화 연구》, 열화당, 1983.

조풍연 해설, 《사진으로 보는 조선시대-생활과 풍속》, 서문당, 1986.

조흥윤 · 게르노트 프르너, 《기산풍속도첩》, 범양사, 1984.

한국사진박물관 · 국립중앙박물관 공편, 《유리원판으로 보는 풍물》, 포토라인, 1998.

황헌만 외, 《초가》, 열화당, 1991.

《산수화》(하), 중앙일보사, 1984.

《역사신문 4》, 사계절, 1996.

《유럽박물관소장 한국문화재》, 한국국제교류재단, 1996.

《제주도민속자연사박물관》, 태화인쇄사, 1989.

《제주여성, 어떻게 살았을까》, 제주도/제주도여성특별위원회, 2001.

《제주여성, 시대를 어떻게 만났을까》, 제주도/제주도여성특별위원회, 2003.

《조선시대 풍속화》, 국립중앙박물관, 2002.

《한국의 미 19-풍속화》, 중앙일보사, 1985.

6. 자료 제공

국립중앙박물관, 김만덕기념사업회, 제주교육박물관, 제주도청, 한국학중앙연구원

거상 김만덕,
꽃으로 피기보다 새가 되어 날아가리

첫판 1쇄 펴낸날 2006년 3월 29일
　　5쇄 펴낸날 2010년 3월 15일

지은이 정창권
펴낸이 김혜경
문학교양팀 이재현 이진 김미정 이정규 백도라지
디자인팀 서채홍 전윤정 김명선 권으뜸 지은정
마케팅팀 모계영 이주화 문창운 강백산
홍보팀 윤혜원 오성훈 김혜경 김현철 김선업
경영지원팀 임옥희 양여진

펴낸곳 (주)도서출판 푸른숲
출판등록 2002년 7월 5일 제406-2003-032호
주소 경기도 파주시 교하읍 문발리 파주출판도시
　　529-3번지 푸른숲 빌딩, 우편번호 413-756
전화 031)955-1400(마케팅부), 031)955-1410(편집부)
팩스 031)955-1406(마케팅부), 031)955-1424(편집부)
www.prunsoop.co.kr

ⓒ 정창권, 2006

ISBN 89-7184-462-0 03910

이 도서의 국립중앙도서관 출판시도서목록(CIP)은 e-CIP 홈페이지(http://www.nl.go.kr/cip.php)에서
이용하실 수 있습니다.(CIP제어번호: CIP2006000629)